AF236402

Stefanie Kempe

Die Tränen meiner Seele

Wenn Heilung und Tod sich die Hand reichen

Bibliografische Information der Deutschen Nationalbibliothek:
Die Deutsche Nationalbibliothek verzeichnet diese Publikation in der Deutschen Nationalbibliografie; detaillierte bibliografische Daten sind im Internet über http://dnb.dnb.de abrufbar.

Herstellung und Verlag: BoD – Books on Demand, Norderstedt

ISBN: 978-3-7543-0692-5

VORWORT

Schreibt man das Vorwort nicht eigentlich zum Schluss? Wenn man weiß, wohin einen die Reise mit der neuen Lektüre geführt hat? Denn anders als viele befreundete Schriftsteller/innen halte ich so gar nichts vom Plotten und Plan haben. Was ich lange Zeit als Mangel an mir verurteilt habe, sehe ich heute als meine absolute Superkraft an: spontan und in jeder Lebenslage die für mich perfekte Lösung aus dem Ärmel schütteln zu können.

Beginne mit einer Absicht und folge dem Gefühl ohne Erwartung

Seit ich weiß das ich, laut Human Design, als eine Manifestierende Generatorin mit dem Profil 1/3 in diese Welt geboren wurde, fiel mir die Last meiner vergangenen Welt von den Schultern. Ab diesem Zeitpunkt habe ich begonnen, strikt nach meiner inneren Autorität zu leben: dem Bauchgefühl.

Und auf gar keinen Fall war das vom ersten Moment an leicht. Denn werfen wir einen ehrlichen Blick auf die Welt um uns herum erkennen wir schnell, dass „folge dem Weg deines Herzens" und „entscheide nach deinem Bauchgefühl" in unserem strategisch wirtschaftlichen Alltagsgefängnis keinen Stellenwert hat. Du muss immer wissen, was du für die nächsten Monate und Jahre geplant hast. Du musst ein Ziel haben. Und dieses Ziel sollte natürlich messbar sein. Schon mit sieben Jahren sollst du wissen, welchen Beruf du ausüben willst und bevor du nach dem Schulabschluss überhaupt erste Lebenserfahrungen sammeln darfst, ist eine berufliche Entscheidung für die kommenden 50 Jahre zu treffen. Jetzt mal im Ernst: What the hell?

Nicht ohne Grund empfand ich mein Leben in den ersten Jahrzehnten als Flucht und etwas, das mir permanenten Stress und Bauchschmerzen bereitete. Ein Großteil unserer Gesellschaft wird dazu gezwungen in einem Konstrukt zu leben, das nicht auf unsere Bedürfnisse abgestimmt ist. Du kannst dir gar nicht vorstellen, wie viele Menschen mit diesen Bedürfnissen auf dieser Welt herumlaufen. Mitten hinein in den Burnout. Die einen früher, die anderen später. Sie machen immerhin 70% der Weltbevölkerung aus und lassen sich in ein System zwängen, das für die restlichen 20% der Menschheit, nämlich Menschen die eigeninitiativ mit permanenter Power voran gehen, geschaffen wurde.

Doch warum erzähle ich dir in meinem Vorwort davon? Weil ich an den Punkt kommen wollte, an dem ich mit dir teilen kann, dass auch ich mitten in diesen Burnout hineingeschlittert bin. Ich wollte gerade doch wirklich schreiben, dass ich ohne Vorwarnung ausgebrannt bin. Das stimmt jedoch absolut nicht. Der körperliche Burnout kam nämlich erst nach einem Haufen Vorwarnungen, die ich geschickt ignorieren konnte, weil ich vor allem eins wollte: gefallen. Ich habe mich so sehr nach Liebe und Anerkennung gesehnt, dass ich meinen Körper und meine Seele für einen Spottpreis verkauft habe. An meine Freunde, an meine Arbeitgeber und an meine Kunden.

Bis zu dem Zeitpunkt, ab dem ich die Hilfeschreie meiner Seele nicht mehr ignorieren konnte. Bis ihre Tränen irgendwann in Form von Blut aus meinem Darm liefen und ich mir nach wochenlangem Schönreden, es könne auch an der roten Beete liegen, die ich häufig gegessen hatte, eingestehen musste, dass ich den Bogen meines Lebens überspannt habe. Mein Rücken schrie. Mein Auge brannte. Mein Darm blutete. Mein Ego schrie, ich könne doch jetzt trotz dieser Kleinigkeiten nicht aufhören. „Man" brauche mich. Meine Seele und mein Herz reichten kurze Zeit später das Schweigen ein und suchten den letzten Ausweg über die Kommunikation der körperlichen Symptome.

Zu Beginn hatte ich mir vorgenommen ein Buch darüber zu schreiben, wie es überhaupt so weit kommen konnte. Das allerdings ist für niemanden mehr ein Geheimnis, weil ich vermute, dass jeder von uns früher oder später an einem Punkt angelangt war, an dem Körper und Seele resignieren und nicht selten zusammenbrechen. Ich muss dir nicht mehr erzählen, wie man sich selbst an diesen Punkt treibt oder treiben lässt. Deswegen habe ich mich dazu entschlossen mit dir zu teilen, wie ich einen Weg rausgefunden habe. Wie ich die blutigen Tränen meiner Seele trocknen konnte und chronisch krank für mich nichts anderes mehr ist als eine Ausrede der Schulmedizin, die keine geeignete Pille für ein Symptom entwickeln konnte. Wie ich einen Weg gefunden habe, nach meiner inneren und angeborenen Autorität zu leben und dieser Schritt als Fluch und Segen zugleich, mein Leben vollkommen auf den Kopf gestellt hat. Wie ich körperliche Unterstützung gefunden habe und meinen Körper zurück zu seinem Ursprungszustand begleiten konnte.

Denn Lebensfreude, Genuss und Unabhängigkeit sind ein Grundrecht. Ein Grundrecht, das wir wieder in Anspruch nehmen müssen.

Ich wünsche mir, dass du deinen Mut wieder findest. Das du endlich die Filter, durch die du gelernt hast, die Welt zu sehen ablegst und gegen etwas austauscht, das dich wirklich erfüllt. Das dich inspiriert, dir ein Lächeln aufs Gesicht zaubert und dir die Utopie eines glücklichen und gesunden Lebens nicht länger als Märchen verkauft, sondern als einen realen Weg raus aus der ganzen Scheiße, die du bisher als „dein" Leben bezeichnet hast.

Ich wünsche mir, dass „dein" Leben auch wirklich das Potenzial entfaltet DEIN Leben zu sein.

Denn Zeit ist nicht recyclebar.

Stefanie

DU MUSST DEINE WELT
ZUSAMMENBRECHEN LASSEN

Ein bisschen muss ich allerdings doch ausholen, um dir einen Einblick zu geben, wie es letztendlich dazu kam, dass ich mich von meinem altbekannten Leben lösen musste.

Bis zu meinem 26. Lebensjahr hat mein Körper augenscheinlich alles, was ich im zugemutet habe, ganz gut kompensieren können. Natürlich hatte ich auch so meine, immer mal wiederkehrenden, Wehwehchen, von unreiner Haut bis hin zu den jährlichen Mandelentzündungen und chronisch schlechter Laune konnte ich von allem ein Lied singen. Neben dem regelmäßigen Konsum von Tabak und berufsbedingtem Alkohol, durch meine Anstellung in der Clubhotellerie, suchte ich nicht nur nach Anerkennung von unseren Hotelgästen und dem Chef, sondern auch nach der großen Liebe unter meinen männlichen Kollegen. Es lief alles so weit, so gut, denn durch meine Anstellung als Leiterin des Fitnessbereiches habe ich meinem Körper anscheinend durch die regemäßige sportliche Aktivität eine Chance gegeben, mich in einem ausreichenden Maß gesundheitlich über Wasser zu halten.

Im Jahr 2018 wurde mir jedoch eine seelische Sollbruchstelle zugefügt, die mir, auf lange Zeit gesehen, das Genick brechen sollte. Meinem Papa wurde im Sommer die Diagnose „Pankreaskarzinom" gestellt und ein Teil von mir hat sich innerlich von meiner Fähigkeit, Emotionen zuzulassen abgespalten. Denn wenn für mich eine Sache sicher war, dann das mein Papa mindestens

100 Jahre alt wird. Papa ist und war mein Held. Diese Option, dass er innerhalb weniger Jahre nicht mehr Teil meines Lebens sein sollte, stand für mich, in meiner Realität, nicht zur Debatte. Denn ab dem Zeitpunkt seiner Diagnose setze mein Papa nach der erfolgreichen doppelten Whipple Operation alle alternativen heilmedizinischen Möglichkeiten in Bewegung, um wieder gesund zu werden. Und das habe ich geglaubt. Doch dieser kleine Teil in mir, der sich zu Beginn der Zeit abgespalten hat, wusste es besser.

In dem Glauben meine Welt sei heile, lebte ich das kommende Jahr einigermaßen zufrieden weiter. Ich hatte vor kurzem einen wundervollen Mann kennenlernt. Wir haben für unseren Traum mit dem selbst umgebauten Van durch die Welt zu reisen unsere Jobs gekündigt, um uns noch im selben Jahr auf den Weg zu machen, eine erste Tour an der Küste Deutschlands entlangzustarten und damit unserem Wunsch nach einem unabhängigen Leben näher zu kommen. Unser Glück hielt knappe drei Jahre an, die uns neben den schönen Momenten jedoch vor allem mit unseren eigenen Schattenseiten konfrontiert haben. Im Juni 2019 trennten sich unsere Wege. Und meine Welt brach ein zweites Mal zusammen. In diesem Moment meldete sich der Schmerz meines abgespaltenen Seelenteiles zurück und zerriss mich die kommenden fünf Monate in Fetzen. Ich vermute, dass in diesem Ereignis und der Art und Weise, wie ich damit umgehen musste, um zu überleben, der Tropfen zu finden ist, der mein Fass schließlich hat überlaufen lassen.

Klingt unglaublich klischeehaft, oder? So hat es sich in Anbetracht der Aneinanderreihung der Ereignisse jedoch nicht angefühlt. Ein Teil in mir und mein inneres Kind haben schon vor einem Jahr erfahren müssen das mein Held, mein Papa, mich bald verlassen wird. On top, ein Jahr später, auch noch eine weitere Bezugsperson zu verlieren hat mir einfach den letzten Boden unter den Füßen weggerissen und ich konnte mich gerade so, taumelnd und mit Kompensationsstrategien tanzend, durch mein Leben bewegen.

Unter Kompensationsstrategien verstand ich damals vor allem die Klassiker Alkohol, Zigaretten und Arbeit. Zu Beginn des Jahres 2019 hatte ich eine Ausbildung zur Massagetherapeutin absolviert und mir im März, neben meiner 30 Stunden Woche im Fitnessstudio, eine Selbstständigkeit daraus aufgebaut. Ging richtig durch die Decke. Ich kam nach nicht langer Zeit regelmäßig auf meine 10 Stunden am Tag. Von dem erzielten Gewinn blieb als Reserve jedoch kaum etwas übrig. Jeder Cent wurde zur Kompensation eingesetzt, wie ich bei der Erstellung meiner Steuererklärung im kommenden Jahr, erschreckenderweise, feststellen durfte. Zu diesem Zeitpunkt klopfte ein weiteres Suchtpotenzial an meine Tür: die Anerkennung. Denn mit ebendieser wurde ich durch mein Engagement und Können grenzenlos beschenkt. Ich fühlte mich, ungelogen, wie eine Königin. Mir konnte nichts mehr etwas anhaben. Auch wenn ich mir in manch einem stillen Moment eingestehen musst, dass ich die Trennung noch längst nicht hinter mir gelassen hatte. Um diesem emotionalen Klotz am Bein jedoch aktiv entgegenzuwirken, entschloss ich mich kurzerhand dazu, eine kleine Pilgerreise durch den Harz anzutreten. Fünf Tage lang ging es für mich, meinen Rucksack und meinen Seelenschmerz den Harzer Hexenstieg entlang. Darüber habe ich mein erstes Buch geschrieben.

Natürlich habe ich gespürt, dass sich nach dieser Wanderung in mir etwas gravierend verändert hat. Und entgegen meines eindeutigen Bauchgefühls, von dem ich heute als manifestierende Generatorin weiß, dass ich es niemals ignorieren darf, tauchte ich in denselben Alltagstrott ein wie zuvor, spürte aber von Tag zu Tag mehr, dass sich irgendetwas an der Gesamtsituation meines Lebens nicht mehr stimmig anfühlte.

Vielleicht war es der Moment der Wanderung, der mich meiner Seele wieder nähergebracht hat. Der ein kleines Licht durch das Schlüsselloch meines Herzens warf und meiner Seele damit das Signal geben konnte, dass ein kleiner Teil in mir wieder auf Empfang steht. Denn ab dem Zeitpunkt meiner Rückkehr ging es steil bergab. Ich konnte die Lawine nicht mehr aufhalten. Und glaub mir, ich habe alle Hebel in Bewegung gesetzt, um das Drama abzuwenden. Mehrere Wochen habe ich versucht den zerstörerischen Signalen meines Körpers die Stirn zu bieten. Denn die Panik, die mich überfiel, wenn ich mir ausmalte, keine Anerkennung mehr zu erhalten, nicht mehr zu funktionieren, den Ort zu verlassen, an dem „Er" noch immer für mich greifbar ist und mich der Tatsache stellen zu müssen, dass mein Vater todkrank und viel zu früh mein Leben verlassen wird, löste einen Fluchtinstinkt in mir aus, der alle Schotten in mir dicht gemacht hat. Ich hatte noch nicht mal mehr nur einen Tunnelblick. Rückblickend sehe ich nur noch schwarz und rot. Das waren die zwei dominierenden Farben in meinem Bewusstsein. Und wenn ich so über die Ereignisse dieser Zeit schreibe und weiß, worüber ich dir gleich berichten werden habe ich Probleme zu atmen. Meine Bronchien werden eng, ich spüre dieses nervöse Kribbeln im Bauch und meine Atmung beschleunigt sich. Denn wenn bis zu diesem Zeitpunkt meine Abwärtsspirale von meinem Körper gut abgefangen wurde, hat er sich ab sofort dazu entschlossen, seinen Dienst einzustellen. Mir zuliebe.

DER KÖRPER SCHREIT

Ich kann dir gar nicht mehr genau sagen, wie alles begonnen hat. Hatte ich schon Darmbeschwerden, bevor mein Rücken mich lahmgelegt hat oder hat sich zunächst der Rückenschmerz zu Wort gemeldet? Noch vor Kurzem hatte ich dazu in meinen Tagebüchern recherchiert und erschreckenderweise feststellen müssen, dass ich kaum etwas darüber notiert habe. Ich habe mich mehr über den neuen Mann in meinem Leben und meinen Job ausgelassen als über die Tatsache, dass mein Körper nach und nach den Dienst verweigert.

Es mag also gut sein, dass ich schon im Oktober 2019 gemerkt habe, dass es mit meiner Verdauung nicht mehr wirklich rund läuft. Aber wen wunderts? Nach der Trennung im Juni 2019 habe ich mich Großteils von Alkohol, Zigaretten und Fastfood ernährt, Fitnesskurse unterrichtet und 10 Stunden am Tag gearbeitet. Aus dem Grund stand natürlich eine Änderung meiner Ernährung an vorderster Front. Denn nach der Wanderung beendete ich meine Beziehung zum Alkohol und konnte mich sehr schnell wieder damit anfreunden, für mich einkaufen zu gehen und frisch zu kochen.

Meine Lage verbesserte sich jedoch kein bisschen. Mein Körper hatte anscheinend gehörig die Schnauze voll von meiner Ignoranz, meine Seele boykottierte das weiterhin hohe Arbeitspensum und die gekonnte Art meinen Schmerz zu unterdrücken. Ich genoss das lockere Leben mit meiner neuen Flamme, nahm die Anti-Baby-Pille wieder ein, nachdem ich sie im

Juli abgesetzt habe und gab meinem Körper damit, meines Erachtens nach, einen abschließenden Todesstoß.

In den kommenden Tagen habe ich nur noch rotgesehen. Und zwar immer dann, wenn ich auf der Toilette saß. Zu Beginn habe ich es wirklich darauf geschoben, dass ich Rote Beete gegessen habe, und meine damalige Arbeitskollegin und beste Freundin hat diese Theorie unterstützt. Ich sollte mir keine Sorgen machen, das sei ganz normal. Ich habe mich von ihr beruhigen lassen und bin meinem Alltag wie üblich nachgegangen. Auch meine Mama hat sich dem Glauben zunächst angeschlossen. Daher gab es für mich keinen wirklichen Grund zur Sorge.

Der Albtraum nahm allerdings kein Ende. Von Tag zu Tag begrüßte mich immer wieder rote Farbe in der Toilette und ich konnte mir die Krämpfe, die ich dabei empfand, nicht mehr schönreden. Was macht man in diesem Moment? Ganz ehrlich? Weiter. Ich auf jeden Fall. Heute frage ich mich: was zur Hölle hat mich in dieser Zeit nur dazu geritten, einfach weiterzumachen? Ich weiß noch, wie ich in einem Jumping Kurs stand (in diesem Fitnesskurs springst du wie verrückt zu lauter Musik auf dem Trampolin herum), grade das Cooldown Lied unterrichtet habe und die Krämpfe in meinem Bauch wieder begannen. Dieses Zusammenkeifen, Schwitzen und die panische Angst, den Schmerz nicht halten zu können, in Verbindung mit der Vorstellung wie peinlich es ist, wenn du aus dem Raum rennen musst um dann heulend und unter Krämpfen auf dem Klo zu sitzen, wenn nichts kommt, ist einfach grauenvoll. Ich wünsche es niemandem.

Deswegen hoffe ich das du, wenn du dieses Buch liest, es entweder erst gar nicht so weit kommen lässt oder die Möglichkeiten, die ich dir im Laufe dieser Geschichte mit auf dem Weg geben werde, annimmst und damit endlich aus dieser grauenvollen Spirale ausbrichst.

Ob der Rückenschmerz früher, zeitgleich oder erst im Anschluss eine weitere Baustelle verkündete, kann ich dir gar nicht mehr so genau sagen. Ich weiß nur, dass ich so etwas noch nie erlebt habe. Mein linker Rückenstrecker, auf Höhe der unteren Brustwirbelsäule brannte wie Feuer. Heute weiß ich, dass an dieser Stelle eine direkte Verbindung zum Dickdarm besteht. Herzlichen Glückwunsch. Damals wusste ich es nicht. Nein, das stimmt nicht ganz. Damals wollte ich es nicht sehen. Denn Wissen in dem Bereich hatte ich natürlich ausreichend. Aber ich kam irgendwie klar. Wenn ich im Fitnessstudio den Tresendienst schob, habe ich mir einfach einen Stuhl genommen und den damaligen Mann meiner Träume darum gebeten mir Wärmepflaster auf den Rücken zu klatschen. Wenn ich schließlich abends zu ihm gefahren bin, habe ich die schmerzhafte Stelle zusätzlich mit der Faszienrolle und einem Golfball bearbeitet.

Nun kommen jedoch ein paar Tage, an die ich mich nicht mehr erinnern kann. Es ist alles schwarz. Bis zu dem Zeitpunkt, an dem ich mich, in meiner Erinnerung in der Pause zwischen zwei Massagekunden, in den Mitarbeiterraum gehen sehe und meine Kollegin zu mir sagt: „Steffi, was ist denn mit deinem Auge los? Das sieht irgendwie kleiner aus als das rechte." Aber auch nachdem ich in den Spiegel geschaut habe, wusste ich nicht wirklich, was sie meint. Ja, mir ist auch aufgefallen, dass es seit ein paar Stunden juckt. Und dass dieses verdammte Jucken immer schlimmer wurde. Aber das wars auch schon. Ich ging also in den nächsten Massagetermin und schenkte dem Problem keine Aufmerksamkeit mehr.

Das es mir jedoch alles andere als gut ging habe ich auch während meiner Massagetermine nicht verstecken können. Gott. Es ist mir noch heute so unglaublich peinlich. Aber was sollte ich machen? Ich kann mich noch lebhaft an den Tag erinnern, an dem ich zwei meiner Kundinnen mit Schröpfkugeln auf dem Rücken im Raum habe liegen lassen. „Das lassen wir jetzt ein wenig wirken. Ich bin sofort wieder da." Denn ich konnte den Krämpfen nicht mehr standhalten. Auf der Toilette angekommen spuckte mein Darm jedoch nichts anderes als kleine Fetzen helles Blut. Super. Rücken, Darm und ein juckendes Auge. Ich hätte kotzen können. Ich hatte für so etwas keine Zeit. Ich war bisher quasi immer unverwüstlich gewesen. Ich war immer da. War immer die Stefanie, die alles übernehmen konnte und mit Bravour und Auszeichnung jede Aufgabe gemeistert hat. Übertrag mir ein Problem und ich mache auch Scheiße Gold.

Jetzt machte ich aus Scheiße Blut. Bravo.

In den darauffolgenden Tagen konnte ich mein Problem nicht mehr länger ignorieren. Mein Körper zwang mich förmlich dazu „hinzuschauen" und zu erkennen, dass er auf Alarmstufe Rot zusteuerte. Mein linkes Auge war feuerrot. An dieser Stelle möchte ich dich darauf hinweisen, dass sich alle meine Symptome immer auf der linken Seite abgespielt haben. Erst ein Jahr später, in meinem ersten Coaching mit einer ganzheitlich praktizierenden jungen Ärztin, die ich über einen Podcast kennengelernt habe, durfte ich verstehen lernen, dass die linke Seite für die gelebte Weiblichkeit steht und andauernde Symptome auf dieser Seite ein Zeichen dafür sein können, dass man als Frau zu sehr in der männlichen Energie verankert ist. Damals jedoch folgte zunächst wieder eine Reihe von Black Outs in meiner Erinnerung. Ich sehe mich noch bei der ortsansässigen Augenärztin sitzen, die mir eine Bindehautentzündung diagnostiziert hat. Dazu möchte ich ergänzen, dass ich zu der Zeit an der mecklenburgischen Seenplatte gelebt habe und dort, im ländlichen Osten, die ärztliche Versorgung peinlich und unter aller Sau ist. Nachdem die Cortisontropfen nicht angeschlagen haben und ich mit einem Krankenschein alleine in das 60 Minuten entfernte Krankenhaus fahren musste, konnte mir dort eine Uveitis diagnostiziert werden. Eine Regenbogenhautentzündung. Bitte was?

Ich kann mich noch sehr gut erinnern, wie ich unter Tränen der Fachärztin im Krankenhaus von meinen weiteren Symptomatiken erzählt habe, sie aber ziemlich überzeugend der Meinung war, darum würde sich eine andere Abteilung kümmern, hier stehe das Auge jetzt erst einmal im Vordergrund der Behandlung. Ich dachte ich sei im falschen Film. Mein Instinkt wusste zu diesem Zeitpunkt genau, dass diese ganze Scheiße mit meinem Darm zusammenhängt und so langsam drang auch das mir damals angeeignete Wissen zurück in mein Bewusstsein, das reine Symptombehandlung in gewissen Fällen genauso reiner Bullshit ist und ich glaube, ich habe mich in meinem gesamten Leben selten missverstandener gefühlt als in diesem Moment.

Doch nicht nur von den angeblichen Fachärzten habe ich mich missverstanden gefühlt. Auch von meiner Chefin erhielt ich nicht den Zuspruch, den sich meine kleine innere Steffi erhofft hatte. Heute weiß ich, dass ich damals sehr frühzeitig eine sehr klare Entscheidung hätte treffen müssen. Sowohl ihr als auch mir zuliebe. Habe ich aber nicht. Aus dem Grund habe ich mich immer nur ein paar Tage krankschreiben lassen, in der Hoffnung, dass sich das alles wie immer von allein klärt. Vor allem deshalb hatte ich sie somit alle paar Tage mit der Frage im Nacken sitzen, wann ich denn endlich wieder da wäre. Und ich kann dir sagen: ich wollte verdammt nochmal so sehr gefallen. Eine der schlimmsten Vorstellungen war seinerzeit für mich, mit der Ablehnung meiner Chefin umgehen zu müssen. Ich hatte das Potenzial auf eine Geschäftsführung und war jetzt schon in vielerlei Augen eine Ansprechpartnerin. Die Angst vor Ablehnung war immens und hat mich nicht nur in den Wahnsinn, sondern auch in den Kampf mit meinem Körper bis aufs eigene Blut getrieben.

Wie du also siehst, handelt es sich bei der explosionsartigen Entwicklung meiner Symptome um eine Aneinanderreihung diverser Ereignisse, die in ihrer Einzelbetrachtung nicht dramatisch sind, zusammen aber ein Höllenfeuer in mir ausgelöst haben. Auch heute, in dem Moment wo ich diesen Satz geschrieben habe, habe ich das Gefühl das ich das, was in dieser Zeit auf mich einprasselte, ganz schön klein rede.

Es hat mich mehrere Wochen gedauert, bis ich mich endlich getraut habe, mir eine Krankschreibung und eine Überweisung in die Augenklinik Münster, NRW, zu besorgen. Denn nach dem gescheiterten Versuch die Situation in Eigenregie mit MSM und OPC, zwei Nahrungsergänzungspräparaten, in den Griff zu bekommen und einem Blick auf meinen letzten Einkauf, bei dem ich wirklich Gläser mit Babynahrung vor mir gesehen habe, wusste ich, ich muss an den Ort zurück, wo alles begonnen hat. Denn nur dort finde ich die nötige Unterstützung und eine Chance auf Heilung. Egal wie schmerzhaft der Weg sein wird.

Ich war ein Wrack. Ich blutete aus dem Darm. Ich hatte mittlerweile ein so entzündetes Auge, dass sich die Pupille mit der Linse verklebt hat und es sich somit nicht mehr bewegen konnte und dazu Rückenschmerzen und Schmerzen der Plantarfaszie unter dem Fuß. Ich hatte Herzschmerz wegen der Trennung und die Angst, ganz bald meinen Papa zu verlieren. Ich hatte Angst vor der Ablehnung aller, die jetzt auf meine Dienstleistung verzichten mussten. Gott. Da war so viel nicht aufgearbeiteter und angestauter Mist in meinem Leben. Erst in diesem Moment erkannte ich, dass ich trotz all der Anerkennung im außen allein war.

Fluchtartig verließ ich meine chaotische Wohnung. Gezeichnet von den Spuren der Verzweiflung schmiss ich meinen Koffer ins Auto und raste, aus heutiger Sicht, lebensmüde mit einem geschlossenen linken Auge und geplagt von Darmkrämpfen mich Höchstgeschwindigkeit innerhalb von fünf Stunden von Mecklenburg-Vorpommern nach NRW über die Autobahn, wo ich schließlich meiner, von meinem Anblick schockierten Mutter und meinem tapferen aber kranken Vater in die Arme fiel.

VOM GESCHENK EINES KRANKEN VATERS

Du darfst die Geschichte mit meinem Vater nicht falsch verstehen. Bis ungefähr 8 Wochen vor seinem Tod hast du ihm nicht angesehen, dass er schwer an Metastasen in der Leber leidet. Die Reise meines Papas mitzuerleben, erwies sich für mich als Fluch und Segen zugleich. Um möglicherweise auch dir etwas von seiner Geschichte mit auf den Weg geben zu können, möchte ich ihm dieses Kapitel widmen. Denn es wäre eine Lüge zu behaupten, dass sein Vorbild mich auf meinem Heilungsweg nicht maßgeblich geprägt hat. Doch wo auf der einen Seite man Papa seine Liebe zum Leben wiederentdecken konnte, stand auf der anderen Seite meine Mutter.

Eine Frau, die mehr oder weniger im Stillen sowohl ihm als auch mir jederzeit den Rücken frei gehalten halt. Unabhängig davon, wie sehr sie unter den Entscheidungen, wie wir unser Leben führen wollen leiden musste. Neben meinem Papa kannte ich seinerzeit kaum eine Person, die mehr Stärke und Loyalität ausstrahlte als meine Mutter. Auch wenn ihre eigenen Empfindungen und Bedürfnisse aufgrund ihrer persönlichen Konditionierungen einen Großteil ihres Lebens in den Hintergrund gerückt sind. Nachdem Papa uns 2020 verlassen hat, fand sich genau für diese Bedürfnisse der nötige Raum, den wir jetzt gemeinsam gestalten.

Während ich diesen Absatz geschrieben habe, spüre ich Übelkeit in mir aufsteigen. Jeder, der schon einmal ein Elternteil frühzeitig hat sterben sehen müssen kann nachempfinden, wie es sich anfühlt. Ich kenne jedoch nur wenige Menschen, die diese Geschichte eines Tages wieder aufrollen. Aber auch das gehört zu dem Prozess der Heilung. Deshalb bin ich dankbar und stolz darauf, dass dieses Kapitel ein inspirierender Teil der Lektüre sein wird.

Schon bevor mein Papa damit konfrontiert wurde, dass seine Blutwerte eine besorgniserregende Tendenz aufzeigten, stellte er sein Leben einmal komplett auf den Kopf. Nach vielen Jahren Beamtenlaufzeit in der JVA spürte er, dass ihn dieser Beruf, in dem entsprechenden Umfeld mit kräftezehrender Schichtarbeit, aussaugte wie ein hungriger Energievampir. Eine Entscheidung war für ihn eines Tages also schnell getroffen, die offizielle Abnabelung aus dem Beamtendasein zog sich dienstlich und ärztlich jedoch noch über mehrere Monate. Wo es für einen normal Angestellten eine einfache Sache ist, die Kündigung einzureichen, haben Beamte, die aus gesundheitlichen Gründen in die Frührente eintreten möchten, einen letzten Knochenmarsch vor sich. Das Leben war jedoch auf Papas Seite, das Universum spielte ihm in die Hände und somit befand er sich nach mehreren Monaten in einer neuen Art und Weise zu leben.

Eine der prägendsten Erfahrungen auf seiner Reise, nach der Entscheidung die Frührente zu genießen und ein vollkommen neues Leben zu erfahren, war seine Pilgerreise auf dem Jakobsweg. Ich weiß noch, wie Mama und ich ihn gemeinsam mit unserer Hündin Ronja zum Bahnhof gebracht haben. Ich befand mich damals in meiner ersten Beziehung, lebte in meiner eigenen

Welt und fand es einfach okay, dass Papa sich auf den Weg machen wollte. Als Mensch mit der klaren Vision von seinem zukünftigen Leben kam mein Papa schließlich nach sechs Wochen zurück in die Heimat.

Die Auswirkungen die die neue Lebensorientierung meines Vaters für mich, meine Mutter und meine Familie im Allgemeinen mit sich zog waren rückblickend Fluch und Segen zugleich. Ab diesem Zeitpunkt lebte er sein Leben auf eine Art und Weise, die ihn glücklich machte. Immer mit einem Blick auf uns und trotzdem ohne Rücksicht auf Verluste. Damit hatte vor allem meine Mama zu kämpfen. Jetzt, wo ich weiß, dass mein Papa jedoch nicht das 60. Lebensjahr erreichen würde, bin ich froh, dass er sich so radikal für den Weg der Selbstliebe und Heilung entschieden hat. Denn genau das hat es ihm wohl ermöglicht, so friedvoll und bei uns zu Hause mit einer unantastbaren Würde diese Welt zu verlassen.

Nachdem er wiederkam, entschied er sich eine Ausbildung zum Heilpraktiker für Psychotherapie zu absolvieren. Dazu kamen Fortbildungen im Reiki und Lachyoga sowie Clown Workshops. Er wünschte sich, den Menschen das Lachen und die Freude näherzubringen. Das zu erleben, was ihm viele Jahre seines Lebens aberzogen wurde. Gefühle wahrzunehmen, sie zu empfinden und auch auszuleben. Bis eines Tages im Sommer 2018 die veränderten Blutwerte im Raum standen. Zu Beginn nahm das Leben seinen altbekannten Lauf und während mein damaliger Partner und ich vor unserer Reise in meinem Elternhaus untergekommen sind und so vor dem Sommer den Van umbauen konnten war ich spannenderweise zum exakt richtigen Zeitpunkt am richtigen Ort. Denn kurz darauf folgte die Diagnose mit der anschließenden Operation. Ich kann mich nicht daran erinnern, dass ich mir Sorgen gemacht habe. Ich kann mich nur an Sonne erinnern, die rote Feuerwehr und anschließend den Besuch auf der Intensivstation nach einer erfolgreich verlaufenen Operation. Alles, was in der Zwischenzeit passiert ist und was mich in den Begegnungen mit meinem Papa bewegt hat ist wie ausgelöscht. Ich vermute, dass schon hier ein erstes Trauma dafür gesorgt hat, dass ich die Situation überhaupt aushalten konnte.

Doch wie ging es meinem Papa in der Zeit? Schon vor der Diagnose hat er sich auf den Weg der ganzheitlichen Gesundheit begeben und vorbildlich für sich, sein körperliches und seelisches Wohl gesorgt. Er ernährte sich schon längere Zeit vegetarisch, probierte sich an der pflanzlichen Vollwertkost nach Rüdiger Dahlke und installierte schon 2010 eine Umkehrosmoseanlage, damit wir immer gesundes und sauberes Wasser zu Hause trinken konnten. Das sich dies als der massivste Trugschluss der gesamten Heilungsgeschichte meines Papas herausstellen würde, konnte ich zu diesem Zeitpunkt noch nicht erahnen. Alles in allem hat daher, von außen betrachtet, niemand verstanden, warum es überhaupt erst zu der Diagnose kommen konnte. Natürlich spielen die genetische Disposition und emotionale Themen eine Rolle, die über die Generationen hinweg nicht aufgelöst wurden. Aber betrachtete man den Lebensstil meines Papas hätte man nicht damit gerechnet, dass es grade ihn treffen könnte.

Doch auf Herzensebene kann ich nur mutmaßen. Wie sah es zu der Zeit in ihm aus? Was bewegte ihn? Mit welchen Sorgen und Ängsten hat er sich konfrontiert gesehen? Ich weiß es nicht. Ich habe ihn nie gefragt. Zum einen, weil ich ihm nicht angemerkt habe, dass es ihm schwerfällt und zum anderen deshalb, weil ich mich schön in meine Vanlife Welt gerettet habe, ohne dass mich mal jemand an den Schultern geschüttelt hat, um mir den Ernst der Lage zu verdeutlichen. Vielleicht haben sie es ja doch versucht, nur mein Bewusstsein hat dicht gemacht. Ich weiß nur, dass Papa immer gesagt hat: "Ich werde heilen und 108 Jahre alt werden". Und das habe ich geglaubt.

Der Besuch auf der Intensivstation hat mir dennoch erneut den Boden unter meinen Füßen weggerissen. Meinen Helden so zerstört und hilflos zu sehen. Den Menschen, von dem ich wusste, dass er mich gegen all die Monster der Welt verteidigen kann. Ihn dort zu sehen, in diesem pastellfarbenen Kittelchen, schwach, nicht in der Lage die Augen zu öffnen und zu sprechen. Das sollte sich als ein Bild aus meiner persönlichen Hölle auf meine Netzhaut einbrennen. Es folgten Tage, an denen Papa seine Kraft wiedergefunden hat und wir ihn draußen im Krankenhausgarten besuchen konnten. Der gesamte Tumor wurde entfernt und die Ärzte haben selten eine so hervorragende Operation erlebt wie die meines Vaters. Somit war für mich die Gefahr gebannt und als es Papa besser ging, sind mein Partner und ich zurück nach Mecklenburg-Vorpommern und von dort aus die Ost- und Nordseeküste entlang. Papa hat sich währenddessen weiter mit der Absicherung seiner Genesung beschäftigt und die Fastenkur nach Breuss begonnen. Damit sollte auch den letzten möglichen Krebsspuren im Körper der Garaus gemacht werden.

Mein Papa war in dieser Hinsicht ein willensstarker Mann. Belesen und mit allem nötigen Wissen ausgestattet, begann er die Saftkur nach Breuss und wappnete sich für 42 Tage ohne feste Nahrung. Es gab kaum einen Arzt, der diese Methode der Krebsheilung befürwortete, mal abgesehen davon, dass sowieso kein Schulmediziner an die Heilung chronischer Erkrankungen, geschweige denn Krebs glaubt, fanden die meisten es noch absurder, bei seinem Gewicht von rund 69 Kilo und einer Größe von rund 175 cm über einen Monat nur Flüssignahrung zu sich zu nehmen. Lediglich seine Hausärztin kannte ihn gut genug um ihn, auch bis zum Ende, zu begleiten.

Ich bekam von der Zeit nichts mit. Ich war auf Reisen und genoss meine neu gewonnene Freiheit nach der anstrengenden Zeit in der Clubhotellerie und dem traumatisierenden Beginn der Krankheit meines Papas. Erst als ich den Anruf von Mama erhielt, sie hätte einen Krankenwagen rufen müssen, weil Papas Zustand durch die schleichende Unterzuckerung zu einem Delirium führte wusste ich, ich muss wieder nach Hause. Und somit besuchte ich meinen Papa zum zweiten Mal im Krankenhaus. Dort päppelten sie ihn mit Glukose auf. Und seines Erachtens war das der Moment, in dem in seinem Körper der Grundstein für weiteres Krebswachstum gelegt wurde. Denn von Glukose kann eine Krebszelle sich ernähren. Er begann zu dieser Zeit auch wieder Fleisch zu essen. Der Körper war geschwächt. Da konnte ich mir nichts vormachen. Er sich zu diesem Zeitpunkt übrigens auch nicht.

Nachdem er wieder einigermaßen auf den Beinen war, zog es mich wieder zurück in den Osten und in den Beruf. Als Fitnesstrainerin fand ich eine Anstellung in der nächstgrößeren Ortschaft und ging meinem eigentlich ungeliebten Job nach. Damals habe ich keine andere Lösung gesehen, obwohl ich in der Zwischenzeit schon ein Studium zur Tierheilpraktikerin absolvierte, da mir nach der Zeit in der Clubhotellerie klar gewesen war, dass ich nicht mehr mit Menschen zusammenarbeiten möchte.

Was eine Ironie das jetzt, drei Jahre später, meine Leidenschaft wieder dem Menschen gilt und ich mit meinen Dienstleistungen und Produkten dabei helfe, Frauen aber auch Männer in die Lebensfreude, Lebenskraft und Unabhängigkeit zu führen und außer in der Hundekommunikation beruflich nichts mehr mit Tieren am Hut habe.

Aber zurück zu meinem Papa. Es gab diesen einen Moment Anfang 2021, da erhielt ich einen Anruf. Ich glaube Papa selbst hat mich angerufen. Erst später habe ich erfahren, dass mein damaliger Partner schon Bescheid wusste, damit er mich nach diesem Gespräch auffangen konnte. Ich stand in unserem Schlafzimmer und sah aus dem Fenster raus auf den Dorfteich, als Papa mir erzählte, dass bei den letzten Untersuchungen erneut Metastasen gefunden wurden. In der Leber. Ich schluckte. Stille.

„Okay. Aber das kriegen wir doch hin, oder? Was hast du jetzt vor?", war meine erste Reaktion, weil ein innerer Teil in mir auf einmal das Korsett enger geschnürt hat und davon ausgegangen ist, dass wir einfach eine neue

Methode bräuchten, um die Sache schnell wieder in den Griff zu bekommen.

Ich würde an dieser Stelle die Reise meines Papas in zwei Zeitachsen aufteilen. Die erste findet ihr Ende genau an diesem Punkt, wo ich die Information über das erneute Metastasenwachstum erhalten habe. Deswegen möchte ich jetzt mit dir teilen was ich, rückblickend, aus der ersten Zeitachse gelernt habe.

Könnte ich die Zeit noch einmal zurückdrehen, wäre ich nicht feige gewesen. Ich hätte meine Angst und das damit verbundene innere Kind in den Arm genommen und mich ganz bewusst mit meinem Papa verbunden, um ihm Fragen zu stellen. Fragen, auf die ich heute keine Antwort mehr erhalten werde.

Wie fühlst du dich, jetzt wo du weißt, dass bei den Blutwerten etwas nicht stimmt? Was machst du, wenn sich die Vermutung bewahrheitet? Kann ich dir irgendwie helfen? Hast du Angst? Soll ich bei dir bleiben oder ist es okay, wenn ich verreise?

Aber neben den Fragen gibt es eine Sache, die mich viel mehr Mut gekostet hätte: meinem Papa in die Augen zu schauen. Meinen Papa in den Arm zu nehmen. Lange. Ausgiebig. Ich habe mich nicht getraut ihm gegenüber meinen Schmerz zu zeigen. Ich dachte, ich müsse stark sein. Stark für ihn. Denn Angst und Trauer ist jetzt das Letzte, was er gebrauchen konnte.

Was mich diese Zeitachse aber auch gelehrt hat ist, dass es keinen Sinn macht, voreilige Schlüsse zu ziehen. Bis zum Ende ist alles möglich. Bis zum Ende stehen uns alle Türen offen. Deshalb ist das Tödlichste, was du machen kannst in so einer Situation, die Aufmerksamkeit auf die Erfahrungen deiner Vergangenheit oder auch auf die Erfahrungen deiner Ärzte zu lenken. Denn nur, weil etwas in deinem bisherigen Leben noch nicht geschehen ist, heißt es nicht, dass es unmöglich ist. Auch die begrenzte Sicht unserer Mediziner ist kein Maßstab, wenn es um die eigene Heilung, den eigenen Erfolg und die eigene Gesundheit geht. Keiner der Ärzte hätte vermutet, dass mein Papa im Anschluss an die Diagnose noch zwei Jahre lebt. Und zwar wirklich lebt. Bis ein paar Wochen vor seinem Tod waren Hundespaziergängen, Besuche in der Bibliothek und Ausflügen mit dem Auto immer noch die Regel.

Du glaubst bitte bis zum bitteren Ende an das, woran du glauben willst. Hast du das verstanden? Du glaubst bitte genau an die Zukunft, die du für dich siehst. Komm gar nicht erst auf den Gedanken, dich mit weniger zufrieden zu geben. Das wäre töricht den Menschen gegenüber, die uns schon verlassen haben.

Nur durch Papas Vorbild habe ich es geschafft, einen solchen Willen zu entwickelt wieder gesund zu werden, dass ich der Schulmedizin mit ihrer Diagnose „chronisch krank" den Mittelfinger zeigen kann, weil ich jetzt wieder gesund bin. Das bedeutet nicht, dass mein Körper nicht ab und an aus dem Gleichgewicht gerät. Das gehört zum Leben dazu. Es bedeutet aber vor allem, dass er es mittlerweile wieder schafft, ganz allein zurück ins Gleichgewicht zu finden, weil ich mich mit dem Ursprung von Gesundheit und den entsprechenden Tools auseinandergesetzt habe.

Ab dem Zeitpunkt der erneuten Diagnose habe ich also wieder in Mecklenburg-Vorpommern gewohnt, war in mein Tierheilpraktiker Studium vertieft und damit beschäftigt, als festangestellte Fitnesstrainerin auch noch eine Selbstständigkeit als Massagetherapeutin in das Unternehmen zu integrieren. Rückblickend erkenne ich deutlich, dass ich mich auf gar keinen Fall mit den Tatsachen konfrontieren wollte. Ich habe mich unbewusst in die Arbeit gestürzt, wollte den inneren Schmerz mit Anerkennung und Lob unterdrücken und habe auch das hervorragend organisiert bekommen, bis sich mein Partner im Juni 2019 von mir getrennt hat und ich neben der Arbeit in meine Spirale aus destruktivem Verhalten und körperlichen Symptomen abgerutscht bin. Ob ich es überleben würde, die beiden wichtigsten männlichen Anker in meinem Leben zu verlieren? Ich war mir zu diesem Zeitpunkt nicht sicher und wollte mir auch nicht eingestehen, dass ich überhaupt einen von beiden verloren habe. Was für mich in diesem Moment aber feststand war, dass ich ab sofort allein mit der Krankheit meines Papas zurechtkommen musste. Warum ich mich nicht an meine Mama gewandt habe? Ich weiß es nicht. Emotionen zu teilen war in unserer Familie nie wirklich praktiziert worden. Es war somit also eine Mischung aus „bin anders aufgewachsen, kenne ich nicht, hab ich noch nie gemacht und ist mir unangenehm". Auch wenn meine Mama immer da war, kann ich mich nicht daran erinnern, mich mit meinen Ängsten an sie gewandt zu haben. Warum auch? Ich brauchte das doch nicht. Ich habe immer funktioniert und meine Lösungen allein gefunden.

Zu diesem Zeitpunkt tauchte ich auch nach und nach immer weiter in die spirituelle Persönlichkeitsentwicklung ein, beobachtete gespannt, welche neuen Heilmethoden Papa ausprobierte und zog häufig mit meinem Verhalten hinter ihm her. Unabhängig davon, ob es sich dabei um Nahrungsergänzung, Ernährungsformen oder spirituelle Praktiken handelte. Genau wie früher habe ich immer das gemacht, was auch Papa gemacht hat. In diesem Jahr begannen sich die Ereignisse jedoch zu überschlagen und wo bis Mitte des Jahres alles noch rosarot schien, braute sich, in der zweiten Jahreshälfte, nicht nur in meinem Leben das Unwetter zusammen, sondern auch in dem Leben meines Papas. Denn das mit der Heilung lief nicht ganz so wie geplant. Es ging zwar nicht rasant bergab, aber der stete Glaube an die Bergauf Tendenz schwand mit jeder Woche, in der das Körpergewicht um weitere 100 g fiel und keine der neuen Heilmethoden einen echten und spürbaren Effekt erzielte.

Ich möchte allerdings auch an dieser Stelle nicht den Eindruck entstehen lassen, das Papa in der Zeit ein schlechtes Leben hatte. Himmel Nein. Er hat sich in seinen letzten zwei Jahren so viel gegönnt wie noch nie zuvor in seinem Leben. Einen Menschen dabei zu beobachten, wie er immer mehr zurück in seine Lebenslust findet, einen Teil seines Lachens zurückerlangt, beginnt, sich auch finanziell freizumachen und Geld als das zu sehen, was es ist: ein Mittel um Träume wahr werden zu lassen. Diese Beobachtung ist eine der befriedigendsten Erfahrungen, die ich, neben meiner persönlichen Heilung, bisher im Leben machen durfte.

Da er den ganzen Tag Zeit für sich und seine Vorlieben frei hatte konnte er sich die Zeit somit auch einrichten, wie es ihm nach der Nase stand. Nicht selten ohne Rücksicht auf die Bedürfnisse der anderen Familienmitglieder, aber immerhin hat er begonnen ein Leben zu führen, dass sich manch anderer in dieser Situation nicht getraut hätte. Ich sollte wohl auch erwähnen, dass Papa keine Chemotherapie in Anspruch genommen hat. Zum Glück. Denn dieses Gift wollte er nicht im Körper haben. Wenn das Immunsystem sowieso durch Metastasen geschwächt ist, macht es weniger Sinn ihm noch mehr zuzusetzen. Aber das ist nur meine persönliche Meinung. Mit den entsprechenden Hilfsmitteln wie z.B. ionisiertem Wasser, Nahrungsergänzung und vielem mehr kann man mit Sicherheit eine Grundlage schaffen, dass sich der Körper auch von einer Chemotherapie erholt, aber sind wir mal ehrlich: der Körper muss sich immer doppelt regenerieren, einmal von der Krankheit und einmal von dem Medikament. Und die wenigsten Menschen haben heutzutage kaum noch die Kapazität dafür.

Im letzten Halbjahr 2019 bin ich regelmäßig einmal im Monat die 500 km von MV nach NRW gefahren, um Zeit mit meinen Eltern zu verbringen. In der Regel sind Papa und ich immer am Nachmittag mit unserer Hündin Momo spazieren gegangen (Ronja hatte uns vor einigen Jahren verlassen) und mit Mama habe ich einen Stadtbesuch genossen. Zusammen essen stand auch auf dem Tagesplan und am Sonntag waren wir alle ein wenig traurig, wenn ich wieder aufbrechen musste. Viele haben es nicht verstanden, warum ich mir diesen Aufwand gemacht habe, aber ich Nachhinein würde ich sogar behaupten, dass ich viel zu wenig Zeit zu Hause und zu viel Zeit auf der Arbeit verbracht habe. Aber das sollte sich ja Ende des Jahres ändern.

Als ich krank und förmlich dazu gezwungen wurde wieder zurück in die Heimat zu gehen, habe ich nach wenigen Wochen gespürt, dass mir das Leben damit ein sehr großes Geschenk gemacht hat. Zu diesem Zeitpunkt konnte ich noch nicht wissen, dass ich ab sofort die letzten 6 Monate gemeinsam mit meinem Papa in unsere Familie verbringen werde. Ob Mama es schon absehen konnte? Gut möglich. Ich war auf jeden Fall dankbar, dass ich nun an einem Ort war, an dem sich jemand in meinem todkranken Zustand um mich kümmern konnte und ich trotz meines selbstständigen Verhaltens immer eine helfende Hand zu Seite hatte.

Was mir zu diesem Zeitpunkt gar nicht wirklich bewusst war: Wie muss es meiner Mama wohl ergangen sein? Jetzt musste sie nicht nur ihrem Ehemann dabei zuschauen, wie er nach und nach dem Tod in die Arme lief, sondern durfte förmlich hilflos mit ansehen, dass auch ihr einziges Kind mit einer chronischen Krankheit zurück ins Nest hüpft und Gefahr läuft, auf einem Auge zu erblinden. Zur Hölle. Ich hatte damals natürlich keinen Kopf dafür, aber heute frage ich mich nur, wieviel Stärke in dieser Frau steckt.

Denn es waren in den letzten Jahren gewiss nicht die ersten Menschen, die sie auf ihrem Weg aus diesem Leben heraus begleiten musste.

Papas Vorbild niemals aufzugeben und ständig auf der Suche nach einem neuen Weg der Heilung zu sein hat mich unbewusst angetrieben. Heute könnte ich mich dafür ohrfeigen, dass ich mir nicht mal die Zeit genommen habe, einfach nichts zu tun. Erst vor kurzem habe ich in meinen Tagebüchern des Jahres 2020 geblättert und konnte nicht aufhören zu weinen. Das, was ich geschrieben habe klang, als würde ich selbst mit einer Peitsche hinter mir stehen. Nachdem ich Anfang 2020, im Anschluss an meine Darmspiegelung, die Diagnose „Colitis Ulcerosa" erhalten habe, vergingen keine zwei Tage ohne eine neue Idee, was ich machen könnte, um gesund zu werden und die Frage, wie lange es denn noch dauern würde, bis ich wieder fit bin. Natürlich weiß ich heute, dass alles in seiner Geschichte seinen richtigen und berechtigten Zeitpunkt hatte, aber in dem Moment wo ich in meinem Tagebuch gelesen habe, wie ich mich durch diese Zeit gehetzt habe, empfand ich einfach nur Mitleid mit meiner kleinen inneren Stefanie.

Möglicherweise habe ich mich aber auch so verhalten, wie ich mich verhalten habe, weil es mich in eine direkte Verbindung mit meinem Papa gebracht hat. Das Nacheifern war in Bezug auf unsere Vater Tochter Beziehung schon immer meine größte Schwäche und erst später hat meine Mama mir mitgeteilt, dass es Papa oft geschmerzt hat zu sehen, wie unbewusst ich ihn auf ein Podest stelle.

In den ersten Monaten des Jahres 2020 waren wir im Hause Kempe also hauptsächlich mit meiner Gesundheit beschäftigt, indem wir von einem Gastroenterologen zum nächsten Augenarzt jagten. Von einer Cortisiontherapie zur nächsten Laserbehandlung. Denn der einzige Kompromiss, dem ich mich beugen musste, war kurz nach der Diagnose eine zehnwöchige Cortison Stoßtherapie durchzuführen, damit mein linkes Auge nicht erblindet und der Darm vorerst wieder zur Ruhe findet. Hat auch alles so weit funktioniert.

Nebenbei habe ich eine ganze Batterie an Nahrungsergänzung in meinen Alltag integriert, nichts anderes gegessen als Gemüse und Haferflocken und bin tief in die Praxis der sanften Bewegung und Meditation eingetaucht. Im März habe ich schließlich meinen Job gekündigt und mich weiterhin krankschreiben lassen. Gott sei Dank. Denn es dauerte nicht lange, bis ich wieder nach Mecklenburg-Vorpommern gereist bin und eines Tages mit meiner Mama telefoniert habe.

Schon in vorherigen Gesprächen hat sie mir immer wieder vorsichtig versucht mitzuteilen, dass es Papa nicht so gut ginge. Aber meine Klappe war dicht. Ich war weit weg und dachte, es könne schon nicht so schlimm sein. Als ich gefahren bin sah doch noch alles gut aus. Aber an diesem besonderen Tag gab es einen Moment während des Telefongesprächs, da wusste ich, ich muss nach Hause. Ich kann mich nicht mehr im Detail daran erinnern, was genau Mama oder sogar Papa gesagt hat, aber ich weiß noch, dass Mama mir immer mehr darüber erzählt hat, das Papa nicht mehr wirklich lange spazieren gehen kann und es eigentlich auch kaum noch, ohne aus der Puste zu sein, die Treppe zum Schlafzimmer hochschafft. Und vielleicht fiel sogar mal der Satz: „Stefanie, ich glaube es dauert nicht mehr lang".

Irgendeine Alarmglocke schrillte in mir. Also packte ich erneut meine Sachen und fuhr in die Heimat.

Ich erinnere mich an diesen Tag, als wäre es gestern gewesen. Die Sonne schien und mich begrüßte ein herrliches Frühlingswetter. Ich betrat unseren Garten durch das silberfarbene Gartentor, bog rechts um die Hausecke zur Treppe ab, betrat durch die offene Terrassentür das Esszimmer und sah Mama und Papa am Tisch stehen. Papa. Gelb.

In diesem Moment habe ich gelächelt und ihn begrüßt. In den Arm genommen. Nach einem anschließend betretenen Lächeln und einem „Sieht ganz schön komisch aus, oder? Ich bin jetzt das goldene Kind", seinerseits lächelte ich die beiden an und sagte wahrheitsgemäß, ich müsse auf die Toilette nach der langen Fahrt. Kurz nachdem ich die Küche durchquert habe, drehte ich mich um, die Kücheninsel zwischen mir und meiner Mama, und warf ihr einen Blick zu, der mich im Rückblick an ein Rehkitz erinnert, welches die Autolichter sieht, kurz bevor es überfahren wird. Alles in mir kollidierte. Und der vorher nicht da gewesene Pickel auf meinem Kinn explodierte innerhalb weniger Minuten. Ab diesem Augenblick begann die wohl schlimmste Zeit meines Lebens.

An dieser Stelle möchte ich mit dir teilen, wie ein Teil in mir gerne reagiert hätte. Ein halbes Jahr später habe ich mich in einer Visualisierungsarbeit mit mir selbst genau diesen Moment noch einmal durchleben lassen und bin in die Verbindung mit meinem inneren Kind gegangen. Und meinem inneren Kind entsprechend hätte sich die Situation in dieser Begegnung vollkommen anders abgespielt. Ich bin in dieser Begegnung zu meinem Papa gegangen, habe ihn umarmt und geweint. Auch er hat geweint. Meine kleine innere Steffi wurde von Papa auf den Schoß genommen und ihr wurden von ihm die Haare gestreichelt. „Papa, ich will nicht das du mich verlässt. Ich habe Angst und weiß nicht, wie ich ohne dich weiterleben soll. Bitte geh nicht".

Ich glaube, in meiner Reprogrammierung dieser Situation hat Papa gar nicht so viel gesagt. „Alles ist gut. Ich bin für dich da. Egal was passiert. Weine ruhig und habe Angst. Es ist in Ordnung." Ich habe anschließend mit Sicherheit 15 Minuten lang gedanklich in dieser Situation verharrt und dadurch einen zerbrochenen Teil in mir maßgeblich in der Heilung unterstützt.

Von diesem Moment an musste ich erfahren, was meine Mama, in den vergangenen Jahren, schon mehrere Male durchlebt hat. Wie es ist, einen Menschen beim Sterben zu begleiten. Und danke Gott waren wir mit Papa gesegnet, dass nur die letzten drei Tage eine große Herausforderung darstellten. Und selbst diese Tage beschreibe ich gerne als absolut würdevoll. Ich habe jeden Moment mit ihm genossen. Jeden Spaziergang, den wir noch gemeinsam erleben konnten und ich habe auch damit begonnen, all meinen Mut zusammenzunehmen und ihm Fragen zu stellen, von denen ich das Gefühl hatte, dass sie ihm sehr nah gehen werden.

Papa, hast du Angst? Wie fühlst du dich, wenn du morgens wach wirst? Hast du einen besonderen Wunsch oder gibt es etwas, dass du gerne noch erleben möchtest? (Die Antwort darauf war übrigens, neben einem zweiten Mal den Jakobsweg von Deutschland aus zu pilgern, eine Ballonfahrt). Meinst du, du wärst jetzt nicht krank, wenn du dich schon von dem Haus gelöst hättest? Meinst du, du wärst jetzt nicht krank, wenn du dich von uns getrennt hättest?

Ach, da gab es vieles, worüber wir uns unterhalten haben. Und am Ende, als ich die letzten Tage an seinem Lieblingsstuhl saß, um ihn seinen kleinen Kopf an meine Schulter lehnen zu lassen, um den Schmerz ein wenig zu lindern wusste ich, ich hatte noch viel zu wenig Fragen gestellt. Dabei erinnere ich mich gerne an den Anfang des Jahres 2020 zurück. Kennst du die Bücher „Erzähl mal, Oma/Mama/Papa"? Da ich meinen Eltern je eines davon vor ein paar Jahren geschenkt habe, hatte Papa das zum Anlass genommen gemeinsam mit mir „Interview mit Papa" ins Leben zu rufen. Ich empfand es als eine sehr schöne Idee, hätte aber in dem Moment schon darauf aufmerksam werden können, dass er mit Sicherheit nicht grundlos diese Gespräche sucht und Erlebnisse seiner Vergangenheit mit mir teilen wollte. Ich glaube er wusste, dass er nicht mehr lange bei uns sein würde.

Denn die wirklich berührenden Fragen habe ich nicht mehr gestellt. Aber jetzt, wo ich darüber nachdenke, hätte ich am Ende gar keine Fragen mehr stellen wollen. Ich habe es einfach verpasst ihm zu sagen, wie sehr ich ihn liebe. Wie dankbar ich für sein Vorbild bin und das er, trotz all seiner Emotionen, die er nicht mehr ausleben konnte, ein Leben geführt hat, das ich als heldenhaft bezeichne. Er wurde zum Schluss zu all seinen liebsten Romanfiguren. Auch wenn ein bisschen stur und eigen behalte ich ihn doch vielmehr mutig und verwegen dem Leben gegenüber in Erinnerung.

Doch weißt du, wenn der Moment schließlich gekommen ist, bist du nicht darauf vorbreitet. Du bist es einfach nicht. Du bist nicht auf den Moment vorbreitet, mitten in der Nacht auf die Sekunde genau wachzuwerden, während du einen kurzen Blick zu deiner Mutter neben dir auf der Couch wirfst, wie sie auch langsam wach wird. Wie du zu deinem Papa hinüberblickst und dir nicht sicher bist. Näher heran gehst und dir immer noch nicht sicher bist. „Mama? Guck mal". Und dann kam Mama an meine Seite, wir sehen zwei kurze Atemzüge und schließlich einen langen. Und wissen dann beide: es ist vorbei.

Und da wir Menschen gelernt haben, dass Flucht nicht mehr angebracht ist und wir unseren natürlichen Instinkt, in einer für unser Nervensystem bedrohenden Situation, unterdrücken müssen, schottete sich erneut ein Teil meiner Seele ab. Ein Teil der weiß, dass ich grade sterben würde, wenn ich die Emotionen zulasse, die auf mich einprasseln. Weil ich Todesangst habe. „Ich glaube wir trinken jetzt Tee", habe ich zu meiner Mama gesagt. Und so vergingen die Stunden bis um sieben Uhr morgens, als die Hausärztin kam und den Todeszeitpunkt bestätigte. Und ebenso vergingen die Stunden bis um zwölf mittags, als der gut bekannte Bestatter kam und ich Papa zum Abschluss im Leichensack einen Kuss auf die Stirn gegeben habe.

Abschließend möchte ich dir zu dieser zweiten Zeitlinie mitgeben was ich durch die letzte gemeinsame Zeit mit meinem Papa, aber auch durch den Abschied von ihm lernen durfte. In den letzten drei Tagen habe ich verstehen dürfen, was es bedeutet, einen Menschen zu pflegen. Dabei zusehen zu müssen, wie die Organfunktionen nach und nach aussetzen, wie der Gedächtnisverlust eintritt und wie es sich anfühlt mit dem eigenen Helden am Tisch zu sitzen und mit ansehen zu müssen, wie die Suppe langsam vom Löffel tropft, weil er vergessen hat, was er grade macht. Ich habe in diesen drei Tagen aber auch erfahren dürfen, wie es aussehen kann, einen Menschen in Würde gehen zu lassen. Denn genau das hatte mein Papa geplant. Bis zum letzten Tag hat er sich noch selbstständig, mit unserer Hilfe, ins Bad bewegt. Hat selbstständig getrunken und unsere Nähe gesucht.

In dem Moment als mein Papa verstarb war ich dankbar, dass mich irgendeine Seelenverbindung zu ihm im richtigen Moment aufgeweckt hat, damit ich gemeinsam mit Mama seinen letzten Atemzug wahrnehmen durfte.

Doch dann kommen wir zu dem Punkt, an dem ich alles anders machen würde. Könnte ich die Zeit zurückdrehen, würde ich schreien. Ich würde wie eine Furie gepackt von Todesangst und Trauer schreien und weinen. Mich auf den Boden schmeißen und auf den Teppich eindreschen. Auch wenn ich mittlerweile Sorge hätte, dass seine Seele dann nicht in Frieden hätte gehen können, merke ich jetzt die Spätfolgen der in diesem Moment nicht ausgelebten Symptome.

Apropos Symptome. Meine Darmblutungen haben just in diesem Moment aufgehört.

KRANK SEIN IST KEINE OPTION

Nachdem ich nun also etwas überlebt hatte, von dem ich glaubte, es würde nie eintreffen wurde mir bewusst, dass es mir körperlich irgendwie immer noch nicht so richtig gut geht. „Kein Wunder, du bist ja auch chronisch krank", durfte ich mir oft genug anhören. Aber das war für mich keine Option. Ich bitte dich. Für wen ist es schon eine Option im zarten Alter von 28 Jahren einen dauerhaft entzündeten und immer wieder blutenden Darm zu haben, bei jedem Ausflug panisch nach der nächstbesten Toilette zu suchen und Angst vor einem gemeinsamen Abendessen zu haben? Für wen ist es bitte schön eine Option den Rest des Lebens abhängig zu sein von Tabletten, die nicht wirklich wirken und daher immer stärker werden müssen, von entzündungshemmenden Mitteln über Cortison bis hin zu Immunsuppressiva, die mehr Nebenwirkungen haben als Wirkung zeigen? Ich sah mich mit meinem Van durch die Welt cruisen und zu dieser Vorstellung passt es schlicht und ergreifend nicht die Route nach der nächsten Apotheke auszulegen.

Nach dem Tod meines Papas, der zeitweise starken Kompensation über Arbeit im Haus und der Arbeit als Ghostwriterin ging es für mich wenige Monate später zurück in meine Wohnung nach Mecklenburg-Vorpommern. Und auch, wenn ich durch das Ende der Reise meines Papas eine Art Erleichterung wahrnahm, spürte ich immer noch meinen Körper, der sich wie eine sanft züngelnde Flamme in Windeseile in eine Bombe verwandeln konnte. Ich kann es dir nicht anders beschreiben, aber je achtsamer und sensibler du deinem Körper gegenüber wirst, desto deutlicher kannst du spüren, wenn du nichts anderes bist als eine tickende Zeitbombe, die nicht nach außen hin durch einen Blumenstrauß „Medikament" getarnt wurde.

Zu der damaligen Zeit ernährte ich mich überwiegend pflanzlich, zuckerfrei, getreidefrei, fettfrei und aß nur im ausgewählten Maß Fleisch. Nahrungsergänzungsmittel begleiteten mich durch den Tag. Ich arbeitete mit Vitamin D3/K2, Magnesium, Zink, Kurkuma, DMSO, Algen, Omega 3, L Glutamin, OPC und einigem mehr, um meine Entzündungen in Schach und meine Nährstoffdefizite im Rahmen zu halten. Dass die permanent stillen Entzündungen in meinem Körper und vor allem meinem Darm eine Aufnahme des Supplements häufig unmöglich machten, war mir damals nicht bewusst. Es war mir auch nicht bewusst, dass ich mit der Art und Weise meines Heilungsweges grade so an der Oberfläche der Ursache meines körperlichen Ungleichgewichtes kratzte.

Das dauerhafte Suchen nach einem neuen Mittel, dass mir endlich Erlösung bringt und das permanente Gefühl auf einem geladenen Pulverfass zu sitzen machten mir wirklich zu schaffen. Auch wenn ich froh war, kein Kortison mehr nehmen zu müssen war die Option der Schulmedizin für mich nicht relevant. Daher war ich häufig auf Instagram und in Facebook Gruppen unterwegs, so wie es viele kranke und verzweifelte Menschen machen. Sie umgeben sich mit der Zielgruppe, die ihr Leid teilt auf der Suche nach einer Lösung, obwohl sich in diesen Gruppen häufig nur die Menschen herumtreiben, die eben NICHT aus der Endlosspirale ausgestiegen sind. Ich merke es ja selbst. Jetzt, zwei Jahre später und gesund, würde ich einen Teufel tun und noch einmal einen Fuß in solch eine Gruppe setzen. Ich möchte mich mit Menschen umgeben, die schon dort sind, wo ich hinmöchte und mich nicht in der Energie von Menschen baden, die häufig mehr „ja, aber" in der Hosentasche haben als Sand am Meer zu finden ist. Ich habe eine Zeit lang versucht den Personen in diesen Gruppen Unterstützung anzubieten und sie zu inspirieren. Absolute Zeitverschwendung. Die Menschen treiben sich nicht dort rum, um eine Lösung zu finden und schließlich nicht mehr leiden zu müssen. Sie freuen sich über den Austausch mit anderen Leidensgenossen. Das treibt sie an. Das ist der sekundäre Krankheitsnutzen. An der Stelle bin ich, auch wenn es mir zu Beginn schwerfiel, irgendwann ausgestiegen.

Kennst du den Fluch des sekundären Krankheitsnutzens? Ich bin ihm begegnet und immer mal wieder fast daran zerbrochen. Denn auch, wenn ich es bis zu diesem Punkt noch nicht wirklich thematisiert habe: die Reise meiner Persönlichkeitsentwicklung lief auf Hochtouren. Du kannst dir gar nicht vorstellen, was ich neben des körperlichen Heilungsprozesses alles für mein seelisches Wohl gemacht habe und wie tief ich mich zum Teil in das Wissen um Heilung, universelle Grundgesetze, die Kraft der Gedanken, Psychosomatik und vielem mehr eingearbeitet habe. Ich hatte schon immer den Wunsch zu studieren. Ab diesem Jahr hatte ich die Zeit dafür. Denn wenn du eine körperliche Krankheit heilen möchtest, kommst du an den Schmerzen deiner Seele nicht vorbei. Ich hatte somit auch den gesamten Tag gut zu tun. Sei es mit Meditation, Essen kochen, Yoga, Spaziergänge, Bücher lesen oder mich mit meinen inneren Schatten auseinanderzusetzen.

Denn, weißt du, wenn sich erst einmal die Entscheidung in dir verankert hat, dass krank sein keine Option ist, kommst du an dem ganzen Mist, der sich über Jahrzehnte, wenn nicht sogar mehrere Leben in deinem Keller angesammelt hat nicht drum herum. Du musst es dir anschauen, um heilen zu können. Denn Heilung entsteht in erster Linie von innen heraus. Natürlich musst du auch gewisse Veränderungen in der äußeren Welt treffen, wenn es an der Zeit dafür ist, aber der erste Schritt bedeutet immer den Blick nach innen zu richten.

Eines Tages begegnet auch jeder seinem Grund, warum er die Krankheit nicht loslassen will. Und damit wären wir dann wieder beim sekundären Krankheitsnutzen angekommen. Wenn eine Krankheit dich 24/7 begleitet, ist der Gedanke daran, dass sie eines Tages mal nicht mehr da sein wird, fast unheimlich. Was mache ich in dem Moment, wo meine Gedanken nicht mehr um den Schmerz kreisen müssen? Wenn es auf einmal still wird in meinem Leben? Was kommen dann für Gedanken hoch? Muss ich mich dann etwa mit meinen Sorgen und Ängsten auseinandersetzen? Muss ich mir dann vielleicht eingestehen, dass ich keine Lust mehr auf meinen Job habe und in die Konfrontation mit meinem Arbeitgeber gehen? Muss ich erkennen, dass ich Angst habe, mein Partner könnte mich verlassen, wenn ich nicht mehr hilfebedürftig erscheine? Wer sind noch meine Freunde, wenn ich nichts mehr habe, worüber ich mich beschweren kann? Wenn ich nicht mehr krank bin, wer kümmert sich dann noch um mich? Wie verbringe ich meinen Tag?

All das und noch vieles mehr sind Gründe, an einer Krankheit festzuhalten. Und so sehr, wie ich Gesundheit angestrebt habe, konnte ich bei jedem Schritt weg von einer Symptomatik und hinein in die Ruhe spüren, wie ein bestimmter Teil mich wieder manipulieren und zurück in die Krankheit schieben wollte. Eben weil es auf einmal so still wurde. Eben weil ich auf einmal dieser Unzufriedenheit mit meinem derzeitigen Lebensstil Raum geben konnte sich zu zeigen. Weil Gesundheit auch Eigenverantwortung bedeutet und möglicherweise eine Entscheidung verlangt. Noch heute, und ich bin schon lange symptomfrei, erkenne ich immer wieder Momente in denen ich die nächste Ebene Gesundheit, Glück und Zufriedenheit mit meinen Strategien manipuliere, kann mich jedoch mittlerweile sehr gut dabei ertappen und intervenieren, mich selbst in diesem Moment halten und aus dieser Manipulation herausführen. Das ist für jeden möglich. Wenn es wirklich gewollt ist.

AUF DER SUCHE NACH DEM URSPRUNG
MEINER KRANKHEIT

In den kommenden Wochen konnte ich die Fakten jedoch nicht mehr länger schönreden. Ich hielt mich gesundheitlich grade so über Wasser, konnte meinem Körper immer noch nicht wirklich vertrauen und spürte den Druck im Pulverfass meines Körpers. Ich wusste, dass ich mit einem heftigen sekundären Krankheitsnutzen zu dealen hatte, war aber überzeugt von meiner Entscheidung, dass krank sein keine Option für mich und meine Zukunft ist, wenn ich noch mindestens 80 Jahre Bewohnerin auf diesem abenteuerlichen Planeten sein möchte.

Ich weiß nicht, ob du dieses Gefühl kennst. Dieses Gefühl, dass du etwas Essentielles übersehen hast. Dieses Gefühl begleitete mich schon seit mehreren Wochen. Eines Tages begegnete ich daher auf Instagram Lauren aus Australien. Lauren litt seit ihrer Kindheit unter Morbus Crohn und hat sich, ebenso wie ich, dazu entschieden, dass krank sein keine Option ist. Sie begann mit der Ernährungsumstellung auf Früchte und Gemüse. Und es ging ihr kontinuierlich besser. Aber nie wirklich gut. Auf einmal höre ich in ihrer Story wie sie über Wasser spricht. Und in diesem Moment wurde ich hellhörig. Mein Papa hatte sich doch schon vor vielen Jahren mit dem Thema Wasser beschäftigt und war der festen Überzeugung, dass unser Leitungswasser aber auch das herkömmliche Flaschenwasser, unserem Körper nicht guttut. Aus diesem Grund hat er sich zunächst einen Acala Quell Wasserfilter in die Küche gestellt, was ich natürlich sofort nachgemacht habe, bis er sich eines Tages dazu entschlossen hat, in eine Umkehrosmoseanlage zu investieren, nachdem ihn die Verkaufsvorstellung von Grander Wasser nicht wirklich überzeugen konnte. Somit tranken wir viele Jahre absolut sauberes Wasser und ich filterte weiterhin in Mecklenburg mit meinem Acala Quell Wasserfilter mein Leitungswasser.

Jetzt kam aber diese Lauren aus Australien mit ihrer Geschichte über Morbus Crohn und Heilung dahergelaufen. Es fielen die Begriffe „ionisiertes Wasser" und Aussagen wie: „Mit der Ernährung habe ich zwar schon viel erreicht, aber erst damit habe ich gespürt, wie mein Körper nach und nach wieder auf tiefer Ebene gesund wurde". Auch „molekularer Wasserstoff" und „Antioxidantien" flogen mir um die Ohren und schlussendlich die Aussage, dass sie keinen Morbus Crohn mehr nachgewiesen bekommen konnte. Ich fands spannend und cool. Hab mir von ihr die Zahlungskonditionen schicken lassen und die Sache augenblicklich auf Eis gelegt. Mit meinen 600 € Krankengeld und fehlenden Rücklagen waren 3660 € netto nicht erschwinglich für mich. Selbst das Vorgängermodell löste nur ein trauriges Wimmern in mir aus. Anscheinend sollte es zu diesem Zeitpunkt noch nicht sein.

Es dauerte nicht lange bis ich erleben musste, wie meine Symptome wiederkamen. Wie schon gesagt. Ich habe es gespürt, dass das Pulverfass noch einmal hochgehen würde. Ich war mit meinem Latein am Ende. Ich habe innerhalb der letzten Monate wirklich alles ausprobiert. Habe monatlich, für meine Verhältnisse, Unmengen an Geld in Heilpraktiker und Nahrungsergänzung investiert, bin finanziell auf dem Zahnfleisch gekrochen, habe jeden gratis Mindset Workshop mitgenommen und mich stundenlang in die Natur gesetzt. All das hat den Ursprung meiner Krankheit wohl nicht beheben können.

Kennst du den Moment, in dem du eine Entscheidung triffst, aber keinen blassen Schimmer hast, wie du das, was du entschieden hast, umsetzen sollst? Ich habe ihn an diesem Tag kennengelernt. Ich hatte doch keine Wahl mehr! Dieses verdammte Wasser kam in mein Leben, ich hatte im wahrsten Sinne des Wortes die Kacke am Dampfen und keine weitere Lösung mehr parat als dieses verdammte Wasser zu trinken. Ich hatte immer noch kein Geld. Aber das war mir in dem Moment, als ich Annika und Alexander über Instagram kontaktiert habe, scheiß egal. Ich hatte ein verdammt großes Problem und wusste, was ich will. Die beiden hatten die Lösung für mich und der Weg würde sich schon irgendwie zeigen. Und was auch immer in diesem Augenblick passiert ist. Warum auch immer ich genau diese beiden Menschen in mein Leben gezogen habe. Ich bin ihnen bis heute dankbar, für alles, was sie in meinem Leben bewegt haben. Denn unsere gemeinsame Reise sollte ein Jahr später noch weitergehen. Aber an dieser Stelle der Geschichte haben sie es mir ermöglicht, meine eigene Wasserquelle zu kaufen und meinen Weg auf der Suche nach dem Ursprung auf eine nächste Ebene zu bringen.

Nachdem das Ding also geritzt war, habe ich damit begonnen, mich mit der Thematik zu befassen und möchte dir aus heutiger Sicht und Expertise nun ein wenig Wissen und Inspiration mit auf den Weg geben, um dich dazu zu ermutigen deine Gesundheit grundlegend zu verändern.

FACE THE FACTS – DER URSPRUNG VON GESUNDHEIT

Um zu verstehen, warum dieses Wasser den Körper und unsere Gesundheit maßgeblich beeinflusst, müssen wir zunächst einmal verstehen, wie der Körper in seinen Grundzügen funktioniert, um sich im natürlichen Gleichgewicht zu halten.

Der Säure Basen Haushalt muss ausgeglichen sein. Jedes Organ und jede Flüssigkeit im Körper besitzt einen spezifischen pH-Wert. Das Blut, mit einem pH-Wert von 7,36, ist leicht basisch. Gerät der Blut pH-Wert aus dem Gleichgewicht treten eine Vielzahl an schwerwiegenden und chronischen Symptomen in unserem Körper auf. Das ist jedoch nur das Ende der Fahnenstange. Bevor der Blut pH – Wert aus dem Gleichgewicht gerät kämpfen unsere Organe und unser Lymphsystem mit der Übersäuerung und entwickeln Alarmsignale unterschiedlicher Art, um diese Übersäuerung auszugleichen. Warum übersäuern wir? Aufgrund der westlichen Ernährungsweise, dem Stress, den sauren Getränken und den Umweltgiften.

Die Zellmembranspannung muss in der Norm liegen. Wusstest Du, dass jede Zelle eine elektrische Ladung besitzt? Die Zellmembran ist dabei negativ und der Zellkern positiv geladen. Eine gesunde Zelle besitzt eine Zellmembranspannung von -70 mV bis -90 mV. Wird dieser Wert unterschritten kann unsere Zelle nicht mehr richtig arbeiten. Arbeitet unsere Zelle nicht mehr richtig, kommt es zu Ausfallerscheinungen unseres

Körpers. Spätestens ab einer Zellmembranspannung von -20 mV kommt es zu krankhaften Veränderungen im Körper.

Der Körper muss ausreichend hydriert sein. Unser Körper besteht, abhängig von Alter und Lebensstil, aus bis zu 75% Wasser. Aus diesem Grund steht und fällt die Gesundheit mit einer ausreichenden Wasserzufuhr. Hierbei ist die Versorgung unseres Körpers mit dem durchsichtigen Lebenselixier an zwei Bedingungen gekoppelt: die hexagonale Wasserstruktur und die Minusladung. Sind diese beiden Eigenschaften im Wasser nicht vorhanden werden die Wassermoleküle nicht durch die Aquaporine (Wasserkanäle) zur Zelle geführt. Hierbei handelt es sich um einen Schutzmechanismus der Zelle. Zum einen erreicht ein zu grob strukturiertes Wasser die Zelle nicht und zum anderen raubt positiv geladenes Wasser dem Körper Energie.

Freie Radikale müssen im Körper auf ein Minimum reduziert werden. Bei freien Radikalen handelt es sich um Moleküle in unserem Körper, denen ein Elektron fehlt. Elektronen sind die Lieblingsnahrung unserer Zellen. Freie Radikale bilden sich durch Stress, unausgewogene Ernährung und Umweltgifte in unserem Körper und stehlen unseren gesunden Zellen ein Elektron, um ihre Vollständigkeit wiederherzustellen. Dies sorgt dafür, dass unsere gesunden Zellen zum einen schneller altern und zum anderen anfälliger sind für Erreger. Die natürlichen Feinde der freien Radikale kennen wir als Antioxidantien. Nehmen wir ausreichend Antioxidantien über die Nahrung zu uns, bleiben unsere Zellen intakt und die freien Radikale werden neutralisiert.

Diese vier Punkte beschreiben die Basis deiner körperlichen Gesundheit. Ich frage mich bis heute noch, warum ich mir das alles selbst beibringen musste und mir weder in der Schule noch bei einem meiner Arztbesuche jemals davon erzählt wurde. Denn, dass es sich hierbei nicht um Hokuspokus handelt, habe ich neben der theoretischen Recherche auch am eigenen Körper erfahren dürfen. Und ja natürlich war ich skeptisch. Ich hatte immerhin schon alles ausprobiert.

Doch in welchem Zusammenhang stehen diese vier Punkte körperlicher Gesundheit nun mit Wasser? Mit Wasser im Allgemeinen haben diese vier Fakten prinzipiell gar nichts zu tun. Denn das Wasser, welches uns heutzutage als Trinkwasser angeboten wird ist ein absolutes Lobbyprodukt, das unseren Körper mehr schwächt als ausreichend versorgt.

KANN WASSER MEIN LEBEN VERÄNDERN?

Wusstest du, dass dein Körper abhängig von Alter und bisheriger Lebensführung zu 75 % aus Wasser besteht? Deine Augen bestehen zu 95 % aus Wasser. Dein Gehirn besteht zu 73 % aus Wasser. Dein Blut besteht zu 94 % aus Wasser. Deine Lunge zu 83 % und dein Herz zu 75 %. Und jetzt soll mir noch mal einer sagen, es würde keine Rolle spielen, welches Wasser wir trinken.

Hauptsache Wasser? Dein gesamtes Körpersystem ist von der Qualität des enthaltenen Körperwassers abhängig!

Stell dir einfach mal ein Aquarium vor, in dem sich deine Fische vergnügen. Wenn du dich nicht um die Reinigung kümmerst, verkommt das Wasser immer mehr. Es wird trüb und pampig, die Fische bekommen schlecht Luft und werden krank. Wie reagierst du? Wirfst du eine Pille in das Aquarium, um dem Fischen zu helfen oder tauschst du das Wasser aus?

Genau dieser Effekt entsteht in deinem Körper, wenn du das entsprechende Wasser trinkst. Du tauschst dein Körperwasser aus. Das passiert niemals von heute auf morgen und ist, je nach vorheriger Lebensweise und Krankheitsgeschichte, mit intensiven Reinigungsprozessen des Körpers verbunden. Doch welche Eigenschaften benötigt ein Wasser, um dieser Aufgabe gerecht zu werden und warum sind bei diesem Prozess herkömmliche Wassersorten aber auch Filterwasser und Osmosewasser nicht hilfreich?

Um den Körper und die Zellen in den Ursprungszustand zurückzuversetzen benötigt es ein Ursprungswasser mit folgenden Eigenschaften:

Minusladung durch Elektronenüberschuss, Antioxidantien durch molekularen Wasserstoff, Natürliche Basizität, Hexagonale Wasserstruktur, Grobstoffliche Reinigung von Schadstoffen.

Welche Eigenschaften finden wir davon in herkömmlichen Wassersorten? Höchstens die grobstoffliche Reinigung von Schadstoffen. Leider reicht das allein unserem Körper nicht aus, um das Körperwasser zu erneuern und dadurch eine vollkommen neue Lebensqualität zu erzielen. Doch warum genau braucht unser Körper nochmal diese Wassereigenschaften, damit es überhaupt Sinn macht, Wasser zu trinken?

Auch wenn unsere Wasserwerke das Leitungswasser aufbereiten, enthält es viele Chemikalien, die wir nicht zu uns nehmen sollten. Auch Mikroplastik aus Flaschenwasser schadet unserem Körper. Daher sollte ein Wasser immer zusätzlich grobstofflich gereinigt werden, bevor es sich auf den Weg zur Zelle macht. Dabei müssen die Mineralien im Wasser enthalten bleiben! Welche Folgen es nach sich ziehen kann einen Filter zu verwenden, der ALLE molekularen Bestandteile rücksichtslos herausfiltert und anschließend künstliche Mineralien hinzufügt beschreibe ich dir noch.

Das Wasser gelangt über kleine Wasserkanäle zu unserer Zelle, die sogenannten Aquaporinen. Diese Aquaporine selbst haben eine hexagonale Struktur. Besitzt ein Wasser diese Struktur nicht, gelangt nur ein minimaler Anteil davon in die Zelle. Längst nicht genug, um diese in ihren Arbeitsprozessen ausreichend zu unterstützen.

Um dann schlussendlich wirklich in die Zelle zu gelangen ist die Eintrittskarte des Wassermoleküls seine Minusladung. Denn nur mit dieser Eigenschaft kann es die minusgeladene Zellmembran durchdringen und sowohl für Energie sorgen aber auch beim Transport von Nährstoffen und Abtransport von Stoffwechselendprodukten unterstützend seine Aufgabe erfüllen.

Wie schon erwähnt übersäuern wir unseren Körper, die Organe und Lymphflüssigkeit permanent durch unseren aktuellen Lebensstil. Das meine ich nicht abwertend. Wir genießen das Leben, und wissen es häufig nicht besser. Wir sollen das Leben auch gerne weiter genießen, uns aber in der Zwischenzeit bitte das Wissen aneignen, das es benötigt, um unserem Körper währenddessen nicht noch mehr Schaden zuzufügen. Natürlich kann man vieles über basische Ernährung regeln. Ich musste aber die Erfahrung machen, dass das auf Dauer mehr als unbefriedigend ist und mir persönlich ab einem gewissen Zeitpunkt den Spaß und die Leichtigkeit am Leben genommen hat. Deswegen ist es auch die ursprüngliche Aufgabe eines Quellwassers den Organismus mit einer natürlichen Basizität zu unterstützen. Durch ein Quellwasser mit natürlicher Basizität kann der Körper überschüssige Säuren aus dem Gewebe und der Lymphe über unsere Entgiftungsorgane Haut, Darm, Niere und Leber ausscheiden und das natürliche Säure Basen Gleichgewicht aufrechterhalten, ohne, dass wir krampfhaft etwas am Alltag verändern müssen. Denn Wasser trinken wir ja eh.

Die natürliche Basizität entsteht durch molekularen Wasserstoff. Und zufällig ist dieser Wasserstoff eines der stärksten Antioxidantien der Natur. Wir hatten uns schon zu Beginn über die freien Radikale unterhalten, welche durch den Elektronenüberschuss an einem Antioxidant neutralisiert werden, ohne dabei einer gesunden Zelle schaden zu müssen, indem sie ihr ein Elektron abzwacken. Über das Wasser nehmen wir eine ganze Lawine an molekularem Wasserstoff zu uns und somit eine ganze Armee an Antioxidantien. Jetzt stell dir mal vor, was das auslösen wird in deinem Körper? Wie viele Zellen sich regenerieren können. Wie viel Schaden rückgängig gemacht werden kann und das Alterung und Anti Aging eine vollkommen neue Bedeutung erhält.

Schauen wir uns im Umkehrschluss jetzt einmal dazu an, was passiert, wenn wir kontinuierlich ein Wasser trinken, welches diese Eigenschaften nicht besitzt.

Trinken wir ungefiltert Wasser aus der Leitung nehmen wir einen Haufen chemischer Stoffe, aber auch Mikroplastik und Medikamentenrückstände zu uns. Beobachten wir die Menschen um uns herum können wir an ihrem körperlichen Erscheinungsbild erkennen, dass die Entgiftungsorgane schon ohne diese zusätzliche Last gnadenlos überfordert sind. Müdigkeit,

Augenränder und Tränensäcke, unreine Haut, Übergewicht, Schweißgeruch, Nagelpilz, Haarausfall und vieles mehr sind ein Zeichen dafür, dass die Entgiftungsorgane überlastet sind und schon genug Stoffwechselendprodukte im Körper herumschwimmen, die nicht ausgeleitet werden können.

Trinken wir Flaschenwasser und Umkehrosmosewasser trinken wir Säure. Das kann und will ich auch nicht mehr schönreden. Ja. Auch stilles Flaschenwasser hat einen sauren pH-Wert. Es gibt nur wenige Ausnahmen mit einem neutralen pH-Wert oder überteuerte Biowassersorten, denen es jedoch an anderen Eigenschaften fehlt. Auch das remineralisierte Umkehrosmosewasser ist pottsauer und pures Gift für einen schon grundsätzlich übersäuerten Körper. Demonstrieren kann man das ganz einfach mit pH Testtropfen die speziell für den Wasser pH-Wert im Handel erhältlich sind. Und nein, es ist keine Alternative regelmäßig Basenpulver zu trinken. Das schadet auf Dauer deinem Magen, weil es sich nicht um eine natürlich physikalische ungepufferte Base, sondern um eine chemisch, durch Zusätze hergestellte gepufferte Base handelt.

Ein Wasser mit einer zu großen und nicht hexagonalen Struktur kannst du mit einem Fußball vergleichen, den du durch das Netz schießen willst. Nimmst du im Vergleich dazu Golfbälle, hast du eine wesentlich höhere Trefferquote.

Handelsübliches Wasser, aber auch Leitungswasser besitzt eine Ladung im hohen positiven Bereich. Das bedeutet für unseren Körper, dass die Zellmembranspannung immer wieder aufs Neue angegriffen wird. Der Körper versucht in jedem Fall die negative Spannung auszugleichen und verliert durch diese zusätzlichen Energieaufbereitungsprozesse an Energie, die er uns für unsere Lebensaktivität zur Verfügung stellen könnte.

Wasser, welches mit molekularem Wasser angereichert ist, findet sich in den ursprünglichsten, natürlichen Quellen oder im Kangen Wasser. Es ist quasi die Eigenschaft, die on top mit auf ein hochwertiges Ursprungswasser hinzukommt und unserem Körper den Turbo der Aktivierung von Selbstheilungskräften und Reparaturmechanismen ermöglicht.

Ich glaube, nun habe wir ausgiebig darüber gesprochen, warum es keine ernstgemeinte Alternative mehr ist, irgendein anderes Wasser zu trinken als ein Ursprungswasser. Auch nicht von einem anderen Anbieter. Und weißt du warum? Ich hatte keine Zeit mehr zu verlieren. Ich wollte nicht wieder in ein Gerät investieren, bei dem der Anbieter erst seit ein paar Jahren auf dem Markt ist. Es gab diverse Hauptkriterien, nach denen ich meine Wasserquelle ausgewählt habe, die ich gerne mit dir teilen möchte:

Meine Gesundheit ist der Grundstein meines Lebens. Sie ist meine Lebensversicherung. Gibt es eine Firma, die seit vielen Jahrzehnten am Markt ist und entsprechende Erfahrungswerte hat?

Ich möchte nicht mehr allein durch diese anstrengende Zeit gehen. Gibt es einen Anbieter, hinter dem eine After Sales Community in Deutschland steht, die mich auf meinem Weg begleiten kann?

Ich mache keine halben Sachen mehr. Gibt es ein Produkt mit medizinischer Zertifizierung, das auch von Ärzten genutzt wird?

Ich möchte flexibel sein und in Zukunft reisen. Kann ich mein Wassergerät einfach installieren und überall auf der Welt anschließen? Habe ich auch in jedem Land einen Ansprechpartner?

Und aus diesem Wissen heraus habe ich meine Entscheidung getroffen. Und was soll ich sagen. Zwei Jahre später sitze ich hier, mit mehr Lebensenergie und Freude als jemals zuvor und definitiv ohne jegliche Krankheitssymptome, wie ich sie noch vor zwei Jahren in meinem Leben erfahren musste.

Abschließend zu diesem Kapitel möchte ich noch einmal mit dir zurück zu einem Punkt in der Geschichte von meinem Papa wandern. Und zwar zu dem Zeitpunkt, an dem er sich für eine Umkehrosmoseanlage entschieden hat. Und just in diesem Moment, wo ich den Satz schreibe, höre ich schon die vielen Stimmen, die sich darüber beschweren, dass ich anscheinend Partei ergreife. Das stimmt nicht. Ich teile mir dir meine Erfahrung und mein Wissen. Was du am Ende daraus machst, ist dein Ding. Ich weiß nur, was ich gesehen habe, und habe nach der Recherche und dem Austausch mit Menschen, die ähnliches erlebt haben, mein Fazit gezogen.

Als die Filteranlage bei uns vor vielen Jahren eingezogen ist waren wir alle sehr zufrieden. Das Wasser war leicht im Geschmack und hat uns ein gutes Gefühl gegeben. Damals hätte ich nie daran gedacht, dass neben der genetischen Disposition auch dieses verdammte Umkehrosmosewasser ein Grund dafür war, dass Papa immer mehr abgebaut hat. Denn, lets face the facts:

Das Wasser ist mit einem pH-Wert von 5-6 pottsauer. Trotz künstlicher Remineralisierung. Der Körper benötigt aber Basen, um die inneren Prozesse am Laufen zu halten und die Entstehung von Krankheit zu verhindern. Was ist also seine einzige Lösung? Er nutzt seinen Notspeicher und saugt sich die Mineralien z.B. aus dem Knochengewebe, um diese Notfallsituation auszugleichen. Handelt es sich hierbei jedoch nicht um eine Notfallsituation, denn eine kurzzeitige Übersäuerung weiß unser Körper durch diverse natürliche Puffer sehr gut allein auszugleichen, sondern um einen Dauerzustand, bringt das schwere Folgeschäden mit sich. Nicht selten haben allen vorweg Umkehrosmosetrinker nach mehreren Jahren mit Osteoporose oder anderen Organleiden zu kämpfen.

Die hohe positive Ladung des Wassers kostet den Körper Kraft. Er muss den Elektronenmangel mit körpereigenen Elektronen ausgleichen und verliert somit Energie. Aber ist es nicht eigentlich unser Ziel, das uns das Lebenselixier auch Lebenskraft schenkt?

Unser Körper kann natürliche Mineralien bioverfügbar verwerten. Alles, was zusätzlich hinzugefügt wird, ist für ihn nicht natürlich zuzuordnen und kann somit nur einen Bruchteil der Prozesse im Körper unterstützen für die Mineralien verantwortlich sind.

Ich glaube diese drei Punkte reichen aus, um zu verdeutlichen, worauf ich hinaus möchte. Dr. Otto Warburg als Nobelpreisträger in der Krebsforschung hat schon damals festgestellt, dass Krankheit ausschließlich in einem sauren Milieu entstehen kann. Als ich das gelesen habe und in Verbindung gebracht habe mit dem Wasserfilter, der da unter unserer Spüle in der Küche installiert war, fiel es mir wie Schuppen von den Augen. Leider habe ich das alles erst kurz vor dem Tod meines Papas erfahren und erst im Anschluss daraus lernen können. In meinen Augen war es ein leiser und schleichender Prozess. Die schleichende, aber stetige Übersäuerung, die nicht nur den Nährboden für Krankheit legt, sondern auch den Blut pH-Wert beeinflusst und somit einer Krebszelle ein wunderbares zu Hause bietet. Die nach und nach abnehmende Zellmembranspannung. Alles ergab auf einmal Sinn. Da kannst du noch so viel gesunde Ernährung in deinen Alltag implementiere. Noch so viel spazieren gehen und Vitamin D3 supplementieren. Wenn dein Körperwasser sauer wird, die Zellmembranspannung schwach wird, dein Lymphsystem die Giftstoffe nicht mehr abtransportieren kann und die Organe durch diese permanente Belastung müde sind ist der Weg geebnet. Und ich musste mir sehr lange Zeit dafür vergeben, dass ich es nicht zu einem früheren Zeitpunkt schon besser gewusst habe.

Spannend für mich ist rückblickend, dass mein ehemaliger Partner dieses Umkehrosmosewasser nicht ausstehen konnte. Schon im Sommer 2018, als wir unseren Van umgebaut haben hat er, entgegen meiner entgeisterten Reaktion, immer das einfache Leitungswasser getrunken. „Ich weiß auch nicht, aber ich bekomme davon immer einen trockenen Mund und der Durst wird nicht richtig gestillt", war seine Begründung. Heute weiß ich, dass sein Körper ihm das richtige Signal gegeben hat.

Ende Mai 2020 ist meine Wasserquelle bei mir eingezogen. Mitte Juni 2020 ist Papa gestorben. Er hat 10 Jahre „totes" Wasser getrunken. Was soll ich sagen. „Es ist, wie es ist", sagt die Liebe.

WENN TOD UND GEBURT SICH DIE HAND REICHEN

Während ich in den Monaten nach dem Tod meines Vaters eine ganze Weile lang in meinen Kompensationsstrategien gefangen war, mich noch mehr auf meine Symptome und deren Heilung fokussierte und ich mehr Sonne in meinem Leben gesehen habe als in meinem Herzen tatsächlich vorhanden war, habe ich fleißig mein Ursprungswasser getrunken und mich mit den Möglichkeiten beschäftigt, die so eine eigene Wasserquelle zu bieten hat. Denn zu Beginn war mir gar nicht wirklich bewusst, dass ich damit nicht nur drei unterschiedliche Quellwassersorten, sondern auch Beautywasser und Hautpflege, Reinigungsmittel und Desinfektion herstellen aber auch meine Hausapotheke ersetzen kann. Krasses Teil. Das wird eine spannende Reise. Und das wurde es.

Ich fühlte mich nämlich mit meiner Ungeduld an einen Punkt, an dem ich die Kraft dieses Wassers eindeutig unterschätzt habe. Ich kam an einen Punkt meiner Heilungsreise, an dem ich keine Lust mehr hatte darauf zu warten, dass ich mich endlich besser fühlte. Ich nahm fleißig meine Nahrungsergänzung, kümmerte mich um meine Ernährung und arbeitete brav unzählige Kindheitstraumata auf, aber es bewegte sich einfach nichts. Damals war ich mir über die biochemischen Vorgänge noch nicht im Klaren, die angestoßen werden, wenn man beginnt ein Ursprungswasser in den Heilungsprozess zu integrieren. Was habe ich also ganz meiner Gewohnheit gemäß gemacht? Ich habe die Dosis erhöht.

In den kommenden Wochen bin ich mit meinem mittlerweile besten Freund und dem Van, sowie unseren beiden Hunden, zu einer Reise über Tschechien nach Italien aufgebrochen. Natürlich habe ich das Kangen Wasser mitgenommen. Es war zu dieser Zeit schließlich meine Medizin und ich konnte meinem Körper noch längst nicht so weit vertrauen, dass das Fass nicht noch einmal explodieren würde.

In diesem Zeitraum überrollten mich mehrere Dinge gleichzeitig. Zum einen wollte ich meinem Freund beweisen, dass ich mich verändert habe. Gleichzeitig wollte ich auch mir beweisen, dass ich den Tod meines Papas überwunden habe und auf dem Weg bin, eine gesunde und erfolgreiche Unternehmerin zu werden. Je wärmer es wurde, desto mehr habe ich getrunken. Unter dem Schein des „ich muss mich beweisen" habe ich angefangen Kangen Wasser 9,5 zu saufen, obwohl ich grade mal vor vier Wochen damit begonnen habe, kontinuierlich das 8,5er Wasser trinken. Ich sage in diesem Zuge auch bewusst „saufen", denn ich kann mir nicht mehr erklären, warum ich fast vier bis fünf Liter Wasser täglich getrunken habe. Klar, ich hatte Durst.

Spätestens in Italien und bei 40 Grad im Schatten konnte ich an nichts anderes mehr denken als frisches Ursprungswasser. Was ich meinem Körper währenddessen jedoch zumutete, war mir zu diesem Zeitpunkt noch nicht bewusst. Ich habe Prozesse angeregt, die mich natürlich meinem Ziel der Gesundheit nähergebracht aber auch einen Höllentrip haben durchleben lassen. Denn nach ein paar Tagen Reise fing auf einmal an, mein

Handgelenk zu zwicken. Einen Tag später spürte ich ein Ziehen in meinem Hüftbeuger bei jeder Bewegung. „Mit ein bisschen Yoga legt sich das schon wieder", dachte ich mir.

Pustekuchen! Es wurde immer schlimmer. Ich trank weiter mein Wasser und blaffte meine Mama nur mies von der Seite an, als sie mir am Telefon erzählen wollte, dass es vielleicht am vielen Wasser liegen könnte. So ein Quatsch. Das Wasser soll mich doch gesund machen und nicht die Ursache meiner Schmerzen sein.

Ich kürze die Geschichte an dieser Stelle für dich ein, denn die nächsten Monate sollte es immer schlimmer werden. Nach anfänglichem Ziepen in der Hüfte spürte ich bald nur noch Schmerzen in den Gelenken. Bei jeder Bewegung. Auf einmal wurde mein Finger dick. Immer mal ein anderer. Als ich meine Mama besuchte und mich nur noch bewegen konnte wie eine 70-jährige Frau mit schwerster Arthritis im gesamten Körper, ist ihr vor Schock die Brille von der Nase gefallen. Zu diesem Zeitpunkt habe ich mich dann doch mal darauf eingelassen, kein Ursprungswasser mehr zu trinken, ich hatte meine Quelle eh nicht mit bei meiner Mama, habe mich aber stattdessen mit dem Umkehrosmosewasser versorgt, was meine Situation rückblickend kein bisschen verbessert hat.

Was ich hier grade mit dir Teile ist der Moment, den ich benötigt habe, um jetzt dort zu stehe, wo ich stehe. Zu Beginn des Buches habe ich dir schon etwas über Human Design, meinen Energietypen, den manifestierenden Generator und unseren Platz in der Gesellschaft erzählt. Darauf möchte ich jetzt noch einmal kurz zurückkommen. Denn das, was du hier in diesem Moment über mich erfährst, entspricht zu 100 % meiner Natur. Jeder Mensch hat nicht nur einen individuellen Energietypen, sondern auch ein dazu passendes Energieprofil, das aus zwei Linien besteht. Bei mir dreht sich alles um das Profil 1/3.

Die 1 steht für den Forscher. Ich eigne mir also mein Wissen in der Tiefe über Bücher, Recherche und vieles mehr an. Und wenn ich etwas weiß, dann weiß ich es wirklich. Wenn ich mich meine Leidenschaft in einem Thema wiederentdeckt habe, kannst du davon ausgehen, dass ich der absolute Profi auf diesem Gebiet und eine sichere Basis auf diesem Feld bin.

Die 3 allerdings steht für Versuch und Irrtum. Meine Erfahrungen im Leben sammle ich genau mit dieser Methode. Du kannst mir noch so oft erklären, wie etwas funktioniert oder nicht. Wenn ich die Erfahrung nicht selbst gesammelt habe und damit entweder erfolgreich war oder auf die Schnauze gefallen bin, kann ich dir nichts ruhigen Gewissens weitergeben. Wenn ich also etwas mit dir Teile oder dir ein Produkt empfehle, dann nur weil ich eigene tiefgreifende Erfahrungen damit gemacht habe. Geprüft by Stefanie. Da kannst du dir sicher sein.

Deswegen möchte ich an dieser Stelle gewissenhaft erwähnen, dass ich kein Paradebeispiel für die Wirkung des Wassers bin. Klar, kann man Entgiftungserscheinungen wahrnehmen. Aber so weit wie ich hat es bisher niemand getrieben. Aber nur aufgrund der Erfahrung kann ich dich jetzt auf deinem Weg begleiten.

Ich glaube nicht, dass ich zu Beginn vorhatte, mich in der Zukunft hauptberuflich mit dem Thema Wasser im allgemeinem aber vor allem Wasserbewusstsein mit diesen speziellen Produkten zu beschäftigen. Ich habe schließlich frisch mein Studium zur Tierheilpraktikerin absolviert, mein erstes Buch veröffentlicht und wusste, wo es lang geht. Dachte ich. Bis zu diesem Zeitpunkt.

Denn nachdem ich neben Heilfasten auch wieder alle möglichen seelischen Lösungen für meine Schmerzen gesucht, bei den Schulmedizinern keine Hilfe gefunden habe (mein Blut war top, ich hatte keine Allergien und abfertigen lassen musste ich mich schließlich mit „das sind halt Begleiterscheinungen einer Colitis Ulcerosa) und damit immer wieder vor eine unsichtbare Wand lief begegnete ich einer Heilpraktikerin, die mithilfe der Bioresonanz meine Organe beim Ausleiten unterstützt hat. Glaub mir, ich habe es vorher auch nicht für voll genommen. Auch wenn ich mich viel mit Energiearbeit beschäftigt habe, konnte ich mir nicht vorstellen, wie das funktionieren sollte. Ich weiß es bis heute nicht.

Das Einzige, was ich weiß ist, dass ich nach knapp zwei Monaten zweimal wöchentlicher Fernbehandlung, die sich ausschließlich auf die Ausleitung und damit die Unterstützung meiner Entgiftungsorgane konzentrierte, schmerzfrei war. Meine 3er Linie war befriedigt und ich hatte aus Versuch und Irrtum nicht nur gelernt, sondern auch eine Entscheidung getroffen: Ab sofort werde ich mich beruflich auf dieses Thema stürzen. Danke für die Erfahrungen der letzten zwei Jahre.

SCHLUSSWORT

Vielleicht fragst du dich schon seit einer Weile, wie es überhaupt mit meiner angeblich chronischen Darmentzündung weiterging? Sie kam nicht mehr wieder. Natürlich ist und bleibt mein Darm das Warnsignal meines Körpers. Sobald ich gegen meine Wahrheit lebe, spüre ich das über meinen Darm. Aber das wars dann auch. So hat jeder von uns seine ganz persönliche Alarmanlage. Bei vielen ist es die Haut, bei anderen sind es die Gelenke oder der Kopfschmerz. Und das darf auch so sein. Denn der Körper ist das Mittel unserer Seele, um mit uns in Kontakt zu treten, wenn wir ihre Hilferufe nicht mehr wahrnehmen, weil wir den Lärm des Alltags um uns herum zu laut werden lassen.

Ich möchte dich zum Abschluss noch einmal daran erinnern, dass ich von Beginn an auf zwei Ebenen parallel gearbeitet habe, um meine Gesundheit zu unterstützen. Einerseits habe ich meiner Seele wieder die Beachtung geschenkt, die sie eingefordert hat. Ich wollte ihr nie wieder einen Grund geben, meinen Körper bluten zu lassen, nur weil ich mich nicht traue, den Tatsachen meines Lebens in die Augen zu schauen. Ich habe mich mit alten Traumata und Ahnenarbeit aber auch mit dem inneren Kind und meiner versteckten Lebensfreude auseinandergesetzt. Auf der anderen Seite habe ich quasi eine Restaurierung meines Körpers vorgenommen. Ich habe alles in meiner Macht Stehende dafür getan, Entzündungen zu hemmen, mein

Immunsystem zu stärken, Übersäuerung zu minimieren, zu Entgiften, die Zellmembranspannung wiederherzustellen und Frieden mit meinem Körper zu schließen, um ihm wieder vertrauen zu können und mich in ihm wohlzufühlen. Das war ein absoluter Fulltime-Job. Ich habe alles stehen und liegen gelassen, hab den Job geschmissen, mein gesamtes Krankengeld ausgenutzt und bin anschließend in das ALG1 gerutscht, weil ich wusste, dass es nicht meine Bestimmung ist, Arbeitnehmerin zu sein. Nicht, nachdem ich all das erlebt habe.

Last but not least sage ich dir jetzt noch etwas, von dem es mir egal ist, ob es dich triggert oder du glaubst, ich würde dir etwas verkaufen wollen. Denn das ist nicht meine Erwartung. Ich habe einzig und allein die Absicht, dir deine Eigenverantwortung für deine Gesundheit näher zu bringen. Niemand anderes ist für deine Gesundheit verantwortlich.

Ich habe so schnell aufgehört zum Gott im weißen Kittel zu rennen, weil sie mich einfach nur belächelt haben. Belächelt haben in dem Moment, als ich dankend die Tabletten abgelehnt habe. Belächelt haben in dem Moment, als ich klar kommuniziert habe, dass ich wieder gesund werde. Das ich in Zukunft weder Augentropfen noch Cortisonkuren benötigen werde. Natürlich habe ich gezielt die Hilfe ausgewählter Schulmediziner in Anspruch genommen. Aber das machte nur 20 % meiner Heilung aus.

Was ich dir aber eigentlich sagen wollte ist: Ohne das Wasser wäre ich jetzt nicht an diesem Punkt. Nachdem ich so viel für mich getan habe, hat dieses Wasser mein Problem an der Wurzel gepackt, meinen gesamten Körper restauriert und mein Leben auf den Kopf gestellt. Weil ich mich dafür geöffnet habe. Ich habe mich dazu bereit erklärt und die Verantwortung für mein verdammtes Leben übernommen, welche ich so lange an zig Menschen abgegeben haben, denen ich in den Momenten, wo ich auf einmal nicht mehr funktioniert habe, nicht mehr wichtig war. Chefin, Ärzte, Bekannte.

Am Ende saß ich allein weinend auf dem Klo und musste damit klarkommen, dass ich aus dem Darm Blut spuckte. Das ich meinen Papa habe sterben sehen. Das ich nicht mehr Lesen konnte, weil mein Auge brannte. Deswegen habe ich die Verantwortung übernommen. Und dieses Wasser hat mir dabei geholfen körperlich gesund und finanziell unabhängig zu werden. Beides habe ich noch nie zuvor in diesem Ausmaß erleben dürfen.

Auch die Reise mit meinem Papa gemeinsam erlebt zu haben war ein tiefgreifender Bestandteil meines Weges, denn unser Körper heilt zu einem Großteil über die Seele. Hätte mir jemand vor zwei Jahren erzählt, dass ich eines Tages behaupten würde, ich sei zutiefst dankbar für die Erfahrung, meinen Papa beim Sterben begleiten zu dürfen hätte er sich mit Sicherheit pure Ignoranz von mir einkassiert.

Doch das Leben hat mich eines Besseren belehrt. Nur aufgrund der Aneinanderreihung all der Geschehnisse, die du in dieser Lektüre mit mir erlebst hast kann ich jetzt hier sitzen und sagen: noch nie ging es mir in meinem Leben so gut wie heute. Noch nie habe ich mich so gesund gefühlt. Noch nie so lebensfroh und leicht.

So schmerzhaft wie diese Reise auch gewesen sein mag. Jeder Schritt war seine Zeit wert.